# Fiscalité des affaires

**Droit notarial**

collection dirigée par Raymond Le Guidec

# Fiscalité des affaires

**André Lefeuvre**
Docteur en droit
Chargé de cours à la faculté de droit de Nantes
Avocat à la Cour, Cabinet SJVL, Angers



ellipses

Dans la collection « Droit notarial »

- *Droit du patrimoine de la famille*, Gérard Chabot
- *Fiscalité des successions*, Franck Éliard
- *Fiscalité des affaires*, André Lefeuvre
- *Liquidations*, Raymond Le Guidec
- *Le Fonds de commerce*, Claude Saint-Didier

ISBN 2-7298-2655-6



32, rue Bargue 75740 Paris cedex 15



www.editions-ellipses.fr

# INTRODUCTION

## SECTION I – La définition du droit fiscal des affaires

**001-** On doit définir le droit fiscal des sociétés à partir des définitions traditionnelles du droit fiscal.

Dans une première approche, on peut présenter le droit fiscal comme une matière spéciale, irréductible à toute autre, ayant ses concepts et ses normes propres. C'est le domaine de l'exorbitant, des dérogations au droit commun, là où l'État exerce au plus haut point ses prérogatives et ses privilèges de puissance publique. Dans cette conception étroite, le droit fiscal comprend l'ensemble des règles spéciales de la fiscalité, sans équivalent en droit privé ou même en droit public général.

Cette conception étroite du droit fiscal ne permet pas de définir notre matière.

Dans une seconde approche plus large, le droit fiscal est présenté comme un droit de superposition. Pour déterminer sa situation fiscale, le contribuable doit évidemment appliquer les règles figurant dans le CGI ou, en l'absence de dispositions spécifiques, les seules règles de droit commun, qu'il s'agisse du droit privé ou du droit public.

Ainsi, le droit fiscal est par nature pluridisciplinaire. Il se trouve au carrefour de toutes les disciplines juridiques. On peut seulement considérer que toute l'ossature du droit fiscal est faite de règles spéciales et relève donc plutôt des disciplines du droit public. En revanche, le contenu du droit fiscal est, tout autant, une matière de droit privé. C'est ainsi que l'on parle du droit fiscal des affaires.

**002-** Cela soulève immédiatement la question de la relation existant entre le droit fiscal et le droit privé et, plus particulièrement, le droit des contrats et le droit des sociétés et s'inscrit dans le débat plus large de l'autonomie ou du particularisme du droit fiscal.

Ce droit de référence qu'est le droit fiscal se borne souvent à mentionner des notions, des institutions du droit commercial ou du droit civil. La question qui se pose alors est de savoir s'il s'agit d'un simple renvoi aux catégories et aux règles du droit privé ou si le droit fiscal ne leur fait pas subir certaines transformations en les utilisant, au point que, l'on pourrait le qualifier d'**autonome**.

Il serait également **réaliste** en ce sens qu'il ne frapperait que des états de fait et non des situations de droit.

Ce débat n'est pas seulement théorique. Il a des aspects concrets à travers les clauses rétroactives qui figurent dans certains contrats.

En droit des sociétés, il est fréquent que les traités de fusion prévoient une rétroactivité. Se pose alors la question de savoir jusqu'où peuvent aller les parties pour fixer la date d'effet de leur contrat sur le plan fiscal. En application du principe de la spécialité des exercices en droit fiscal, le juge de l'impôt a restreint les effets de la rétroactivité au premier jour de l'exercice de la société absorbante, au cours duquel intervient cette opération[1].

De même, la jurisprudence de la Cour de cassation a longtemps assimilé la cession de la totalité des parts sociales à une mutation à titre onéreux des biens composant les actifs de la société, mutation suivie de la constitution d'une nouvelle société par apport des biens transmis. Une telle conception avait pour conséquence d'entraîner le paiement des droits de mutation qui étaient souvent élevés à l'époque. Il a fallu attendre 1984 et l'arrêt Beauvallet[2], pour que le juge de l'impôt opère un revirement de jurisprudence et fasse prévaloir la notion juridique de personnalité morale.

On le voit, les solutions admises dans le droit des sociétés ne prévalent pas toujours en droit fiscal.

**003-** Cela soulève également la question de l'opposabilité à l'administration des impôts des actes qui dissimulent la portée véritable d'un contrat à l'aide de clauses qui déguisent, soit une réalisation, soit un transfert de bénéfices ou de revenus.

Un contribuable résident en France participe à la création d'une société domiciliée en Suisse, laquelle s'engage à lui verser une rémunération fixe pour ses représentations à l'étranger[3]. Le montage juridique n'est pas opposable à l'administration.

Une société en participation qui n'a aucune activité réelle, est créée afin d'atténuer les charges fiscales de l'une des sociétés associées[4]. Le montage juridique n'est pas opposable à l'administration.

Dans ces deux hypothèses, le contribuable s'est rendu coupable d'un abus de droit au sens des dispositions de l'article L. 64 du Livre des procédures fiscales. Il y a abus de droit, lorsqu'un contribuable détourne l'intention du législateur en recourant à un montage ou conclut un acte fictif.

---

1. CE, 12 juillet 1974, req. n° 81.753 : *Dr. fisc.* 1974, n° 49, comm. 1525, concl. Mandelkern.
2. Cass. com., 7 mars 1984 : *Revue des Sociétés* 1985, p. 406.
3. CE, 19 janvier 1983, req. n° 33.831 : *Dr. fisc.* 1983, comm. 1621, concl. Schricke.
4. CE, 10 mai 1993, req. n° 95.128 : *RJF* 10/1993, n° 1038.

En revanche, n'est plus assimilée à un abus de droit une opération juridique qui consiste en la transformation régulière et effective d'une SARL en SA, décidée par les associés à la majorité requise pour la modification des statuts et en la cession ultérieure des actions par les associés. Le juge de l'impôt a considéré qu'une transformation régulière de société produit des effets multiples[1].

**004-** On constate que le contribuable ne peut pas échapper à l'application des règles fiscales en concluant des contrats avec d'autres contribuables ou même avec l'administration fiscale, à l'exception de la transaction et de l'agrément qui est un acte administratif unilatéral : il se trouve dans une situation impersonnelle et générale, fixée par la loi.

## SECTION II – Les sources du droit fiscal des affaires

**005-** La hiérarchie des normes comprend en principe le bloc de constitutionnalité, les normes internationales, la loi, le règlement. Cette solution classique est, bien évidemment, transposable en droit fiscal des affaires, mais avec une particularité : la doctrine administrative.

### 1 – Les dispositions fiscales de la Constitution

**006-** De l'article 13 de la Déclaration des droits de l'homme et du citoyen de 1789, selon lequel « *pour l'entretien de la force publique et pour les dépenses d'administration une contribution commune est indispensable : elle doit être également répartie entre tous les citoyens en raison de leurs facultés* », a été dégagé le principe d'égalité devant l'impôt qui s'applique en droit fiscal général, mais également en droit fiscal des affaires.

**007-** C'est ainsi que « le principe d'égalité ne s'oppose ni à ce que le législateur règle de façon différente des situations différentes, ni à ce qu'il déroge à l'égalité pour des raisons d'intérêt général, pourvu que, dans l'un et l'autre cas, la différence de traitement qui en résulte soit en rapport avec l'objet de la loi qui l'institue ». Dans sa décision n° 83-186 DC du 29 décembre 1984, le Conseil constitutionnel a énoncé que les taux de TVA applicables à la fourniture et à l'évacuation d'eaux peuvent être différents selon que la prestation est ou non fournie dans le cadre d'un service municipal des eaux parce que les exploitants d'un service municipal « sont soumis à des obligations particulières qui justifient un taux réduit de TVA ». Les dispositions applicables dans le

1. Cass. com., 10 décembre 1996 : *Dr. fisc.* 1997, comm. 471, note P. Dibout.

droit fiscal des affaires doivent respecter le principe d'égalité et, plus globalement, les normes constitutionnelles.

## 2 – Les normes internationales et communautaires

**008-** Ces normes comprennent les conventions fiscales internationales, le droit communautaire et la Convention européenne des droits de l'homme.

### A – Les conventions tendant à éviter les doubles impositions

**009-** Ces conventions fiscales qui sont apparues à partir de 1843 avec une convention conclue entre la France et la Belgique, se sont développées, par la suite, sous l'influence de l'OCDE. Ces conventions constituent des traités internationaux unissant deux États et concernant tout ou partie de leurs relations fiscales. Elles ont pour objet d'éviter à la fois la non-imposition et la double imposition.

En effet, un contribuable domicilié en France est imposable en application de l'article 4 A du CGI sur la totalité de ses revenus, y compris ceux de source étrangère. L'État étranger ayant les mêmes dispositions, le contribuable domicilié en France se trouverait imposé deux fois pour un même revenu, la première fois en France et la seconde fois à l'étranger. Dès lors, pour éviter une telle situation, la convention peut accorder à l'un des États, qu'il s'agisse de celui de la résidence ou de la source, un droit exclusif d'imposer ou bien reconnaître un droit d'imposer aux deux États, mais en prévoyant que l'impôt payé dans l'État de la source constitue un crédit d'impôt imputable sur l'impôt dû dans l'État de la résidence. Ce raisonnement illustre l'application du principe de subsidiarité en droit fiscal international.

■ **Exemple**

M. Martins de nationalité américaine a séjourné en France au cours de l'année 2004 plus de 190 jours et a perçu un salaire de 100 000 € d'une société française.

En application de l'article 4 B du CGI, M. Martins est réputé résident fiscal français. À ce titre, il est imposable sur la totalité de ses revenus de source mondiale.

Ce contribuable est également imposable aux États-Unis car ce pays taxe ses citoyens quelles que soient leur résidence et la source de leurs revenus.

Dans ce cas de double imposition, l'article 15 de la convention fiscale prévoit que les rémunérations qu'un résident d'un État contractant reçoit au titre d'un emploi salarié exercé dans l'autre État contractant ne sont imposables que dans le premier État si le bénéficiaire séjourne dans l'autre État pendant une période ou des périodes n'excédant pas au total 183 jours au cours de cette période de 12 mois ou si les rémunérations sont payées par un employeur qui n'est pas résident de l'autre État.

**010-** Ces conventions contiennent une clause de non-discrimination qui repose sur l'idée selon laquelle les nationaux d'un État ne doivent pas, à situation égale, être traités moins favorablement dans l'autre État que les propres nationaux de cet État.

Ainsi, les personnes morales françaises ou étrangères qui, directement ou par personnes interposées, possèdent un ou plusieurs immeubles en France sont redevables d'une taxe annuelle égale à 3 % de leur valeur vénale en application de l'article 990 D du CGI. Cette taxe qui a essentiellement pour but de lutter contre l'évasion fiscale, concerne toutes les sociétés qui possèdent des immeubles en France. Mais la loi a prévu que les sociétés qui souscrivent des déclarations révélant notamment l'identité de leurs associés, en sont exonérées. Ce champ d'application résulte de la loi de finances pour 1993. Auparavant, y étaient soumises les seules personnes morales étrangères qui, directement ou par personnes interposées, possédaient un immeuble. Mais ce dispositif se heurtait aux clauses de non-discrimination insérées dans les conventions fiscales et a été condamné par la Cour de cassation[1].

### B – Les traités communautaires

**011-** Il n'y a pas de dispositions communautaires propres applicables aux impôts sur les bénéfices des entreprises en application du principe de subsidiarité. Cependant, les dispositions nationales doivent respecter les quatre libertés communautaires fondamentales que sont la libre circulation des personnes, des marchandises, des capitaux, et des services, ainsi que l'exercice du droit d'établissement des personnes et des entreprises en ne refusant pas notamment le droit pour les sociétés d'un État membre de s'installer dans un autre État membre en limitant un avantage fiscal aux seules sociétés ayant des filiales sur son territoire[2]. C'est la démonstration que le juge tente, bien que le principe de subsidiarité soit mentionné dans les traités, de faire rentrer l'impôt sur les sociétés dans l'orbite du droit communautaire[3].

**012-** On doit noter cependant la directive sur les sociétés mères et filiales qui vise à éliminer la double imposition des bénéfices distribués entre sociétés d'un État et leurs filiales d'un autre État membre et celle relative aux fusions

1. Cass. Ass. Plén., 21 décembre 1990 : *RJF* 1/1991, n° 106.
2. CJCE, 16 juillet 1998, aff. C-264/96, ICI : *Dr. fisc.* 1998, n° 48, p. 1475, note P. Dibout.
3. V. notamment : CJCE, 15 mai 1997, aff. 250/95, Futura Participations : *RJF* 7/1997, n° 757.

qui vise à réduire les mesures fiscales défavorables au regroupement et à la restructuration de sociétés d'États membres différents.

En revanche, il n'en va pas de même en matière d'impôts indirects. Il y a eu de nombreuses directives dans le domaine de la TVA. En matière de droits d'enregistrement, la directive n° 69/335/CEE modifiée du 7 juillet 1969 a pour objet d'harmoniser les droits d'apport perçus par les États membres lors d'opérations de rassemblements de capitaux intéressant les sociétés de capitaux. Les opérations concernées par la législation communautaire sont relatives notamment à la constitution de sociétés de capitaux, aux augmentations de capital par apport d'actif en nature ou en numéraire...

### C – La Convention européenne des droits de l'homme

**013-** L'article 6-1 de la Convention européenne des droits de l'homme dispose :

« *Toute personne a droit à ce que sa cause soit entendue équitablement, publiquement dans un délai raisonnable, par un tribunal indépendant et impartial, établi par la loi, qui décidera des contestations sur ses droits et obligations de caractère civil, ou du bien fondé de toute accusation en matière pénale dirigée contre elle...* »

La question est de savoir si ces dispositions sont applicables en matière fiscale.

La Cour européenne des droits de l'homme a considéré que l'article 6-1 s'applique aux **majorations fiscales infligées au contribuable** parce qu'elles présentent un caractère quasi pénal à l'occasion de son arrêt Bendenoun[1].

En revanche, la même cour, dans son arrêt Ferrazini[2], a retenu que « **la matière fiscale ressortit encore au noyau dur des prérogatives de puissance publique**, le caractère public du rapport entre le contribuable et la collectivité reste prédominant. Le contentieux fiscal échappe donc au champ des droits et obligations de caractère civil, en dépit des effets patrimoniaux qu'il a nécessairement quant à la situation des contribuables ».

## 3 – La loi

**014-** L'article 34 de la Constitution de 1958 énonce :

« *La loi fixe les règles concernant l'assiette, le taux et les modalités de recouvrement des impositions de toutes natures.* »

1. 24 février 1994 *RJF*, 4/1994, n° 503.
2. 12 juillet 2001 *RJF* 1/2002, n° 128.

**015-** Cette disposition confère au seul Parlement le pouvoir de déterminer l'assiette, le taux et les modalités de recouvrement des impôts dus par les sociétés, qu'il s'agisse des impôts sur le bénéfice, des impôts sur la dépense ou des impôts locaux.

L'assiette s'analyse comme une détermination opérée dans la matière imposable pour délimiter une base de calcul à l'impôt. Elle peut être une réalité physique comme un hectolitre d'alcool pour les contributions indirectes, une réalité économique comme un chiffre d'affaire ou un revenu, ou encore une réalité juridique comme la propriété pour les droits de mutation.

L'assiette comprend la définition des assujettis, la détermination des exonérations éventuelles, les méthodes d'évaluation et la fixation du fait générateur. Le fait générateur s'analyse comme l'événement dont la survenance crée l'obligation fiscale dans son principe, c'est-à-dire une relation juridique de créancier à débiteur entre la collectivité publique et le contribuable. Celui-ci peut être créancier vis-à-vis du Trésor public lorsqu'il détient un crédit d'impôt. Le législateur définit le fait générateur à partir d'un événement économique ou d'un acte juridique comme le transfert de propriété pour les droits d'enregistrement.

**016-** L'impôt est une matière relevant de la compétence du législateur. Le plus souvent, les dispositions fiscales se retrouvent dans les lois de finances initiales et rectificatives. Elles peuvent également figurer dans des lois ordinaires. La loi qui a adopté le pacte civil de solidarité (PACS) contenait non seulement des dispositions à caractère civil mais, également, le régime fiscal applicable.

Les dispositions fiscales doivent ainsi être adoptées par le législateur. Il faut signaler l'importance de l'administration dans l'élaboration des textes fiscaux. Dans la plupart des cas, le Parlement ne fait qu'avaliser les dispositions élaborées par l'administration. Bien souvent, le Gouvernement annonce des nouvelles mesures fiscales qui s'appliquent dès qu'elles sont rendues publiques sans attendre leur adoption par les parlementaires pour éviter certains comportements indésirables des contribuables.

De plus, l'article 40 de la Constitution prohibe les amendements parlementaires qui auraient pour conséquence de diminuer les ressources publiques ou d'augmenter les dépenses. On peut estimer à l'heure actuelle que le pouvoir fiscal du Parlement reste largement formel. Le Parlement se trouve être une simple chambre d'enregistrement de la volonté du Gouvernement.

### 4 – Le règlement

**017-** Compte tenu de la rédaction de l'article 34 de la Constitution, le règlement en matière fiscale est principalement un règlement d'application.

Malgré cette infériorité hiérarchique, son importance est substantiellement considérable dans tous les aspects du droit fiscal. Les dispositions législatives sont toujours insuffisamment précises pour être applicables par l'administration fiscale et les contribuables. Elles appellent des précisions sur les modalités concrètes d'application relevant du pouvoir réglementaire. Ces dispositions qui prennent la forme de décrets ou d'arrêtés figurent dans les annexes au code général des impôts.

## 5 – La doctrine administrative

**018-** La doctrine administrative comprend les instructions, les circulaires, les notes de services, les réponses ministérielles à des questions écrites de parlementaires et les commentaires de jurisprudence. Tout ceci forme un ensemble disparate en développement perpétuel.

Juridiquement, la doctrine s'analyse en des mesures d'ordre intérieur au sens de la jurisprudence du Conseil d'État. Cela signifie que les agents de la Direction générale des impôts sont tenus de l'appliquer en vertu du principe de hiérarchie. En revanche, elle n'a pas de caractère contraignant pour les contribuables puisqu'elle s'analyse en de l'infra-droit, élaborée par des autorités administratives dépourvues du pouvoir réglementaire.

Elle n'en a pas moins une portée pratique immense : elle explique le sens des normes fiscales aux fonctionnaires dans le dessein de les rendre plus compréhensibles et d'en assurer une application plus facile et uniforme sur l'ensemble du territoire.

**019-** Se pose alors la question de la conformité de la doctrine à la loi ou au règlement. Si la circulaire que l'agent veut appliquer à la situation d'un contribuable est illégale parce que plus sévère que la loi qu'elle prétend commenter, le juge de l'excès de pouvoir saisi du litige donnera raison au contribuable en faisant valoir que seule la loi s'applique en écartant cette mesure administrative.

En revanche, le contribuable est désarmé s'il a bénéficié dans le passé d'une circulaire illégale parce qu'elle était plus douce et sur la portée de laquelle l'administration entend revenir rétroactivement en faisant prévaloir la signification réelle de la loi. Le juge applique alors la loi et le contribuable se trouve redressé bien qu'il ait appliqué une norme « officielle ».

C'est pourquoi figure dans le livre des procédures fiscales l'article L. 80 A, selon lequel :

« *Il ne sera procédé à aucun rehaussement d'impositions antérieures si la cause du rehaussement poursuivi par l'administration est un différend sur l'interprétation par un redevable de bonne foi du texte fiscal et s'il est démontré que l'interprétation sur laquelle est fondée la première décision a été, à l'époque, formellement admise par l'administration.*

*Lorsque le redevable a appliqué un texte un texte fiscal selon l'interprétation que l'administration avait fait connaître par ses instructions ou circulaires publiées et qu'elle n'avait pas rapportée à la date des opérations en cause, elle ne peut poursuivre aucun rehaussement en soutenant une interprétation différente.* »

Ce texte interdit à l'administration de procéder à un rehaussement lorsque le contribuable, de bonne foi, a organisé sa situation fiscale en s'appuyant sur une interprétation formellement admise par l'administration. Si le juge de l'impôt estime remplies les conditions posées par cet article, il donne raison au contribuable, en faisant prévaloir la doctrine administrative sur le sens de la loi en contradiction avec la hiérarchie des normes. Une telle solution ne semble pas envisageable si l'interprétation administrative est contraire à des dispositions communautaires.

**■ Exemple**

À l'issue de la vérification de comptabilité diligentée à l'encontre de M. Martin, artisan boulanger, l'administration fiscale entend procéder à la reconstitution du chiffre d'affaires déclaré.

Pour ce faire, l'administration qui est obligée de recourir à la procédure de rectification contradictoire doit rejeter au préalable la comptabilité présentée par M. Martin dès lors que ce dernier a respecté ses obligations déclaratives.

Le service vérificateur pense pouvoir rejeter cette comptabilité au motif que M. Martin n'est pas en mesure de justifier sa comptabilité au moyen d'une caisse enregistreuse.

Mais M. Martin s'y oppose en invoquant la réponse ministérielle faite à M. Chamant du 20 septembre 1957 relative aux obligations des commerçants au détail et dispensant ces commerçants de justifier de leurs inscriptions globales de recettes par des bandes de caisse enregistreuse s'ils sont en mesure de présenter des « fiches de caisse » ou une « main courante correctement remplie ».

Au cas particulier, M. Martin est en mesure d'apporter ces documents.

**■ Corrigé**

La doctrine administrative Chamant admet, à certaines conditions, qu'un commerçant n'enregistre en comptabilité que le montant de ses recettes quotidiennes.

Cette doctrine doit être regardée comme ne concernant pas seulement la procédure d'imposition, mais comme fixant des règles relatives à l'assiette de l'impôt, opposables à l'administration sur le fondement de l'article L. 80 A du LPF.

Cette solution peut conduire à limiter les cas où la comptabilité est écartée comme gravement irrégulière et donc les reconstitutions de recettes.

**020-** Tout fiscaliste se doit de connaître la hiérarchie des normes. Si une disposition législative est incompatible avec un principe constitutionnel, il ne pourra pas contester son application devant le juge de l'impôt. Il n'en va pas de même s'agissant des autres normes. Ainsi le juge interne et le juge communautaire ont eu l'occasion, à de nombreuses reprises, de sanctionner de telles incompatibilités.

# TITRE I

# L'IMPOSITION DES ÉVÉNEMENTS STRUCTURELS

**021-** Le droit fiscal impose bien souvent les événements qui affectent la structure de l'entreprise. Pour apprécier cette situation, il y a lieu de distinguer la création de l'entreprise commerciale et son évolution.

CHAPITRE 1

# LA CRÉATION DE L'ENTREPRISE COMMERCIALE

**022-** Lorsqu'il décide de créer une entreprise, un entrepreneur a le choix d'adopter la forme juridique la mieux adaptée à sa situation. Soit il crée une entreprise individuelle, soit il crée une société. Il convient d'envisager les aspects fiscaux de ces deux entités.

## SECTION I – Les aspects fiscaux propres à la création de l'entreprise individuelle

**023-** La création de l'entreprise individuelle n'est pas soumise à une taxation particulière. Le droit fiscal n'attribue pas la personnalité juridique à l'entreprise individuelle. Seul l'exploitant personne physique a la personnalité juridique. Il consacre cependant l'existence d'un patrimoine professionnel ou commercial indépendant du patrimoine privé ou civil de l'entrepreneur. Cette reconnaissance est le fait de la jurisprudence.

### 1 – Le contenu du patrimoine professionnel

**024-** L'exploitant dispose d'une totale **liberté d'affecter à son activité professionnelle** telle ou telle partie de son patrimoine privé sur la base du principe de la liberté de gestion. Le critère de distinction est la décision que prend l'exploitant d'inscrire un de ses biens à l'actif du bilan de son activité professionnelle. Seuls le fonds de commerce, le stock et le droit au bail sont considérés comme affectés par nature à l'activité professionnelle de l'exploitant même dans l'hypothèse où ils ne figurent pas à l'actif du bilan.

**025-** La décision que prend l'exploitant d'inscrire un bien à l'actif constitue ce qu'on appelle une **décision de gestion** opposable à l'administration. Celle-ci ne peut pas la critiquer, même s'il apparaît que le bien que l'exploitant a choisi d'inscrire n'est pas nécessaire à l'exploitation.

## 2 – Les conséquences de l'existence du patrimoine professionnel

**026-** La première des conséquences est que les produits générés par les biens inscrits à l'actif professionnel doivent être compris dans le résultat de l'activité professionnelle de l'exploitant.

**027-** La seconde est qu'à l'inverse et en toute logique, les dépenses d'entretien ou de réparation des biens inscrits à l'actif font partie des charges déductibles du résultat professionnel.

**028-** La troisième tient à l'obligation de tenir compte de l'usage personnel que fait l'exploitant des biens inscrits à l'actif, d'estimer le coût de cet usage et de l'incorporer dans les produits de l'entreprise.

**029-** La quatrième est relative à la détermination du régime et du montant des plus et moins-values en cas de cession d'un bien inscrit à l'actif, en cas d'apport d'un bien auparavant dans le patrimoine privé de l'exploitant ou en cas de retour de ce bien dans le patrimoine privé de l'exploitant

Il faut savoir que le passage d'un bien du patrimoine privé au patrimoine professionnel n'a pas, au moment de l'inscription au bilan, de conséquences en termes de plus-values. L'apport ne constitue pas le fait générateur d'une éventuelle plus-value. En revanche, lorsque le bien sera cédé à un tiers ou retournera dans le patrimoine privé de l'exploitant, il y aura lieu de calculer deux éventuelles plus-values, une plus-value privée correspondant à la plus-value acquise par le bien au cours de la période pendant laquelle il a figuré dans le patrimoine privé, une plus-value professionnelle correspondant à la plus-value acquise par le bien depuis la date d'entrée dans l'actif professionnel jusqu'à sa sortie ou sa cession.

Trois cas peuvent se présenter :

1° le bien a figuré dans le patrimoine privé de l'exploitant puis a été inscrit à son actif professionnel avant d'être cédé.

La plus-value acquise au cours de la période de détention dans le patrimoine privé ne peut être taxée que lors de la cession du bien et non lors de son inscription à l'actif. Cette plus-value est déterminée selon les règles propres aux plus-values réalisées par les particuliers. Son montant est égal à la différence entre la valeur d'inscription à l'actif qui doit normalement correspondre à la valeur vénale et la valeur d'acquisition.

La plus-value correspondant à la période courant du moment de l'inscription jusqu'à la date de cession est déterminée selon les règles des plus-values professionnelles entre la valeur de cession et celle d'inscription à l'actif.

2° le bien inscrit à l'actif professionnel est ensuite transféré dans le patrimoine privé de l'exploitant avant d'être cédé.

Le transfert du patrimoine professionnel au patrimoine privé entraîne la taxation de la plus-value éventuelle déterminée par différence entre la valeur vénale du bien au jour du retrait et la valeur nette comptable selon les modalités des plus-values professionnelles.

3° Le bien figure d'abord dans le patrimoine privé, est ensuite inscrit à l'actif professionnel et finalement revient dans le patrimoine privé avant d'être cédé.

Il y a lieu de déterminer trois plus-values distinctes : une plus-value professionnelle correspondant à la période d'inscription à l'actif et deux plus-values privées.

**■ Exemple**

Un immeuble acquis 100 en 1980, inscrit à l'actif professionnel de l'exploitant individuel en 1998 pour 130, transféré à nouveau dans le patrimoine privé en 2002 pour 160 et cédé en 2004 pour 180.

■ La plus-value professionnelle est déterminée de la manière suivante : Prix de retrait d'actif – prix d'inscription à l'actif diminué des amortissements pratiqués pour la partie des constructions

$$160 - 130 = 30$$

■ La plus-value privée est déterminée de la manière suivante :

$$[(130 - 100) + (180 - 160)] = 50$$

Cette plus-value sera imposée selon les modalités prévues pour les plus-values réalisées par les particuliers.

## SECTION II – Les aspects fiscaux propres à la création de société

**030-** Toutes les sociétés se créent grâce aux apports qu'effectuent les associés. Le droit fiscal et le droit des sociétés sont proches quant à la définition de ces apports, mais s'éloignent dès lors que l'on envisage leurs caractères qui seront les seuls à être abordés.

### 1 – Les apports purs et simples

**031-** Les apports sont dits purs et simples quand ils confèrent à l'apporteur en échange de sa mise de simples droits sociaux exposés à tous les risques de l'entreprise et notamment à leur perte.

**032-** En application de l'article 810 *bis* alinéa 1 du CGI, sont exonérés de droits d'enregistrement dès lors qu'ils sont réalisés lors de la constitution de la société les actes constatant des apports en espèces à des sociétés quelconques, des apports purs et simples à des sociétés quelconques, de biens autres que des immeubles, fonds de commerce, clientèles, droits au bail, et des apports purs et simples d'immeubles, fonds de commerce, clientèles, droits au bail, faits à des sociétés non passibles de l'impôt sur les sociétés ou entre sociétés ou autres personnes morales passibles les unes et les autres de l'impôt sur les sociétés.

Toutefois, selon les articles 809-I-3°, 810-III et 810 *bis* alinéa 1 du CGI, les apports purs et simples faits à une personne morale passible de l'impôt sur les sociétés par une société non soumise à cet impôt sont assujettis à un droit de mutation, dans la mesure où ils ont pour objet des immeubles ou des biens assimilés, des droits immobiliers, un fonds de commerce, ou une clientèle civile, ou enfin un droit à bail ou une simple promesse de bail portant sur un immeuble.

Le droit de mutation est en principe perçu au taux global de 4,80 % porté à 5 % à compter du 1er janvier 2006, quelle que soit la nature du bien apporté. Ce taux n'est perçu que sur la partie excédant 23 000 €.

**■ Exemple**

La société en nom collectif Martin décide d'apporter à la société par actions simplifiées Vigneau qu'elle crée avec deux personnes physiques un immeuble dont elle est propriétaire. Ces deux partenaires effectuent des apports en numéraire.

Cet immeuble a une valeur de 150 000 €.

Les droits de mutation sont calculés sur la différence entre cette somme de 150 000 et 23 000.

La base taxable est de 127 000 et les droits s'établissent à 6 096 €.

Néanmoins, les apports sont exonérés de droits de mutation si l'apporteur s'engage à conserver pendant trois ans les titres émis reçus en contrepartie. En cas de non-respect de l'engagement de conservation des titres, les droits de mutation sont immédiatement exigibles, sans possibilité de fractionnement.

## 2 – Les apports à titre onéreux

**033-** Il y a apport à titre onéreux toutes les fois que l'apporteur est rémunéré par la société bénéficiaire de l'apport au moyen d'un équivalent soustrait aux risques sociaux. Dans ce cas, l'associé ne fait pas une véritable mise sociale au sens de l'article 1832 du Code civil, puisqu'il perçoit, en contrepartie de son apport, non des droits sociaux, exposés aux aléas de l'entreprise, mais un avantage ferme et actuel qui lui est définitivement acquis et qui se trouve soustrait aux chances de gain ou aux risques de perte de la société.

**034-** Fiscalement, l'apport à titre onéreux s'analyse en une véritable vente consentie par l'apporteur à la société. Il est soumis au régime fiscal des mutations à titre onéreux d'après la nature des biens qui en sont l'objet.

## 3 – Les apports mixtes

**035-** Un apport est mixte lorsqu'il est rémunéré pour partie au moyen de la remise d'actions ou de parts sociales (apport pur et simple) et le surplus moyennant le paiement d'une somme d'argent ou la prise en charge d'une dette de l'apporteur (apport à titre onéreux).

> ■ **Exemple**
> Il y a apport mixte lorsqu'un associé apporte des biens grevés de dettes personnelles à charge pour la société de les acquitter. Dans ce cas, l'apport est pur et simple dans la limite de la valeur nette de l'apport et à titre onéreux, au-delà de cette limite.

**036-** Lorsque l'apport porte sur un seul bien, il ne se pose aucune difficulté particulière. À l'inverse, lorsque l'apport porte sur plusieurs biens de nature différente, il n'est pas fiscalement indifférent de déterminer sur quels biens l'apport en société est fait à titre pur et simple et à titre onéreux. À cet égard, les parties ont la totale liberté de choisir les éléments qui sont considérés comme apportés à titre onéreux de façon à payer le moins de droits possibles. À cette fin, le passif doit être imputé prioritairement sur les biens d'actifs dont la vente ne supporterait pas de droits de mutation comme des espèces, des créances, voire sur des biens relevant de la TVA. Le solde du passif doit être imputé sur les immeubles ou fonds de commerce.

## 4 – Les apports soumis à la TVA

**037-** Les apports qui entrent dans le champ d'application de la TVA, comme des marchandises, sont exonérés de droits d'enregistrement et sont assujettis au droit fixe de 230 € en application de l'article 810 IV du CGI.

## SECTION III – Les aspects fiscaux applicables à la création de toutes les entreprises commerciales

### 1 – Les murs

**038-** Les locaux dont l'entreprise a besoin peuvent être achetés.

Si l'achat porte sur un local neuf, c'est-à-dire qu'il est édifié depuis moins de cinq ans et est cédé pour la première fois, l'acquisition sera soumise à la TVA au taux normal de 19,60 %. Si l'activité de l'entreprise est soumise à la TVA, comme c'est le cas généralement, l'entreprise pourra déduire de la taxe due sur ses opérations, le montant de la TVA acquittée lors de l'achat du bien.

Si l'acquisition porte sur un local ancien, l'acquisition est soumise aux droits d'enregistrement en application de l'article 683 du CGI. Au sens fiscal, un immeuble est qualifié d'ancien lorsqu'il est cédé pour la deuxième fois ou lorsque la première cession intervient au-delà d'un délai de 5 ans après son achèvement.

**■ Exemple**

La société Dubois décide d'acquérir un local à Paris où elle compte installer son futur siège social moyennant le prix de 150 000 €.

Elle doit acquitter les droits de mutation au taux de 7 200 €, auxquels il convient d'ajouter le prélèvement pour frais d'assiette :

| | |
|---|---|
| ▪ Droit départemental | 150 000 x 3,60 % = 5 400 |
| ▪ Taxe communale | 150 000 x 1,20 % = 1 800 |
| ▪ Prélèvement pour frais d'assiette | 5 400 x 2,50 % = 270 |

**039-** L'entreprise peut choisir de louer ses locaux, plutôt que de les acquérir.

Le prix de cette location n'est pas soumis à une imposition particulière hormis la perception, soit de la contribution sur les revenus locatifs au taux de 2.50 % assise sur le montant des recettes nettes perçues prévue à l'article 234 *nonies* du CGI, soit de la TVA.

Il faut, en revanche, s'attarder un peu plus sur les sommes qu'est parfois amenée à verser l'entreprise qui prend à bail des locaux commerciaux.

Il faut savoir que les baux commerciaux donnent naissance au profit du locataire à une propriété commerciale qui correspond au droit que détient le locataire au renouvellement de son bail. Ce droit peut parfois être monnayé par le propriétaire lorsqu'il s'agit d'une première entrée dans les lieux ou par le précédent locataire. On parle généralement de droit d'entrée dans le premier cas et de pas-de-porte dans le second.

Les sommes qu'est ainsi amenée à verser l'entreprise lors de son arrivée dans les lieux sont normalement la contrepartie de l'entrée d'un droit dans le patrimoine de l'entreprise. Constitutives d'un versement en capital, elles ne peuvent figurer au titre des charges déductibles de l'exploitation mais doivent être immobilisées.

Par ailleurs, et en ce qui concerne le seul pas de porte, c'est-à-dire l'indemnité versée au précédent locataire, le versement est frappé des droits de mutation applicables aux cessions de fonds de commerce en application de l'article 725 du CGI[1].

**040-** L'entreprise peut enfin choisir de construire elle-même ses locaux.

Dans ce cas, et préalablement, l'entreprise achètera un terrain à bâtir. Les acquisitions de terrains à bâtir sont en principe assujetties à la TVA si elles sont réalisées en vue de la construction d'immeubles. Cette intention doit être manifestée par l'acquéreur dans l'acte d'achat sous la forme d'un engagement de construire dans un délai de quatre ans éventuellement prorogé. Si l'acquéreur ne respecte pas cet engagement, il devra s'acquitter des droits de mutation au taux de droit commun et de l'intérêt de retard de 0,75 % par mois de retard à compter de la date de l'acte, taux ramené à 0,40 % à compter du 1er janvier 2006. Toutefois, aucune régularisation n'est exigée si l'acquéreur a définitivement supporté la TVA au taux normal ayant grevé l'achat du bien. Cette situation se rencontre lorsque l'acquéreur ne peut pas déduire la TVA.

## 2 – Le fonds de commerce

### A – L'acquisition du fonds de commerce

**041-** La cession de l'ensemble des éléments d'un fonds de commerce est imposée selon le tarif prévu à l'article 719 du CGI :

| Fraction du prix | État | Département | Commune |
|---|---|---|---|
| inférieure à 23 000 | 0 % | 0 % | 0 % |
| comprise entre 23 000 et 107 000 | 3.80 % | 0.60 % | 0.40 % |
| supérieure à 107 000 | 2.40 % | 1.40 % | 1 % |

1. Voir *supra* paragraphe n° 041.

Les cessions n'excédant pas 23 000 € sont soumises au seul droit fixe de 25 € à compter du 1er janvier 2006 puisque l'acte constatant la cession du fonds de commerce est présenté volontairement à la formalité.

En matière de TVA, l'article 257 bis du CGI issu de la loi de finances rectificative pour 2005 dispose que " les livraisons de biens, les prestations de services et les opérations mentionnées aux 6° et 7° de l'article 257, réalisées entre redevables de la taxe sur la valeur ajoutée, sont dispensées de celle-ci lors de la transmission à titre onéreux ou à titre gratuit, ou sous forme d'apport à une société, d'une universalité totale ou partielle des biens".

**■ Exemple**

M. Milton qui détient un fonds de commerce de boulangerie a réalisé un chiffre d'affaires de 200 000 € au cours de l'année 2004.

Il cède son fonds à M. Milou moyennant un prix de 160 000 €. La valeur d'un tel fonds oscille généralement entre 65 % et 90 % du chiffre d'affaires. Il cède son stock de farine à prix coûtant, 1 000 €.

Les droits de mutation sont calculés de la façon suivante :

| Fraction du prix | Assiette taxable | Taux | Montant |
|---|---|---|---|
| < 23 000 | 0 | 0 % | 0 |
| > 23 000 et < 107 000 | 84 000 | 4,80 % (*) | 4 032 |
| > 107 000 | 53 000 | 4,80 % (*) | 2 544 |

(*) Le taux de taxation est identique, mais la répartition des collectivités bénéficiaires change.

La TVA au taux réduit est calculée sur le montant hors taxe du stock, soit 1 000 € x 5,5 % = 55 €.

## B – La location du fonds de commerce

**042-** Le fonds de commerce peut être loué. Deux conditions sont posées par le droit commercial : le propriétaire doit être commerçant depuis au moins 7 ans et avoir exploité le fonds de commerce 2 ans.

**043-** Les redevances de location-gérance entrent dans le champ d'application de la TVA. La TVA facturée par le bailleur sera déduite par le locataire. Le montant des redevances hors taxe sera bien entendu passé en frais généraux.

Le bailleur sera soumis à l'impôt sur le revenu pour la perception des redevances, dans la catégorie des bénéfices industriels et commerciaux.

En application de l'article 238 *quindecies* du CGI, la transmission d'une activité qui fait l'objet d'une location-gérance est exonérée de l'impôt sur la plus-value si elle a été exercée pendant au moins 5 ans lors de la mise en location et la transmission est effectuée au profit du locataire. Il est précisé que le cédant ne doit pas contrôler le cessionnaire.

# CHAPITRE 2

# L'ÉVOLUTION DE L'ENTREPRISE COMMERCIALE

**044-** L'entreprise commerciale n'est pas une entité statique. Elle évolue au gré de ses besoins exprimés par ses dirigeants et ses associés. Cette évolution peut dans certains cas entraîner sa disparition.

## SECTION I – Les transformations de l'entreprise n'entraînant pas sa disparition

**045-** Seules sont concernées par ces transformations les sociétés. L'entreprise individuelle ne peut être affectée par ces événements. Il existe trois transformations n'entraînant pas la disparition de la société : les modifications du capital social et du régime fiscal auquel est assujettie l'entreprise et les apports partiels d'actif.

### 1 – La modification du capital social

#### A – La modification de la répartition du capital social

##### 1 – Les cessions de droits sociaux à titre onéreux

**046-** Si la cession est réalisée par un associé qui est une société soumise à l'impôt sur les sociétés[1] ou à l'impôt sur le revenu[2] ou par un entrepreneur individuel[3], les modalités de son imposition sont envisagées dans les développements consacrés à ces entreprises.

**047-** Si le cédant est un simple particulier, il doit acquitter un impôt sur sa plus-value selon les modalités prévues aux articles 150-0 A et suivants du CGI.

La plus-value correspondante à la différence entre le prix de cession diminué des frais et des taxes acquittés et le prix de revient est imposable dès lors que le

1. V. paragraphes n° 217 et suivants.
2. V. paragraphes n° 277 et suivants.
3. V. paragraphes n° 197 et suivants.

montant des cessions réalisées par les membres du foyer fiscal excède 15 000 €. La plus-value est imposée au taux de 16 %, auquel il convient d'ajouter les prélèvements sociaux, ce qui porte le taux global à 27 %.

L'article 19 de la loi de finances rectificative pour 2005 a introduit dans le CGI l'article 150-0 D *bis* I 1, selon lequel les gains mentionnés au I de l'article 150-0 D et déterminés dans les conditions du même article, retirés de cessions à titre onéreux d'actions, de parts de sociétés ou de droits démembrés portant sur ces actions sont réduits d'un abattement d'un tiers par année de détention au-delà de la cinquième année sous certaines conditions.

Ce dispositif qui ne concerne que les seules cessions d'actions ou de parts de sociétés passibles ou soumises sur option à l'impôt sur les sociétés ne générera de gains fiscaux aux associés que pour les cessions qui, intervenant à partir du 1er janvier 2012, bénéficient de l'abattement du premier tiers. Ces sociétés doivent exercer une activité commerciale, industrielle, artisanale, libérale ou agricole. Les dirigeants de PME sont susceptibles de se voir appliquer sous certaines conditions l'abattement dès le 1er janvier 2006. S'ils les remplissent, ils sont totalement exonérés de l'impôt sur les plus-values dès lors qu'ils détiennent leurs titres depuis plus de huit années.

**048-** L'article 150-0 A I-3 prévoit une exonération à cette imposition de principe. Lorsque les droits détenus directement ou indirectement par le cédant avec son conjoint, leurs ascendants et descendants dans les bénéfices d'une société soumise à l'impôt sur les sociétés et ayant son siège en France ont dépassé ensemble 25 % de ces bénéfices à un moment quelconque au cours des cinq dernières années, la plus-value réalisée lors de la cession de ces droits, pendant la durée de la société, à l'un des membres du groupe familial, est exonérée si tout ou partie de ces droits sociaux n'est pas revendu à un tiers dans un délai de cinq ans. À défaut, la plus-value est imposée au nom du premier cédant au titre de l'année de la revente des titres au tiers.

**■ Exemple**

M. Martin détient 50 % du capital de la SA MITI. Il cède l'intégralité de sa participation à son fils le 15 janvier 2004 et réalise une plus-value de 60 000 €.

Cette plus-value n'est pas imposée au titre des revenus perçus en 2004. Elle ne le sera que lorsque le fils cédera ses actions et au titre de cette année-là. Ce dispositif est intéressant puisqu'il évite de verser un impôt au titre de l'année de la cession. Mais, d'un autre côté, le contribuable ne connaît pas les modalités d'imposition dans le futur et, notamment, les taux.

**049-** Il existe aussi le sursis d'imposition prévu aux articles 150-0 B et 150-0 D 9 et 10 du CGI en cas d'échanges de titres depuis le 1er janvier 2000. Ce dispositif concerne les personnes qui sont associées dans des sociétés soumises à l'impôt sur les sociétés et qui apportent leurs titres à une autre société, notamment, dans l'hypothèse d'une offre publique d'échange. Le report d'imposition s'applique si le produit de la cession est réinvesti avant le 31 décembre de l'année de la cession dans la souscription en numéraire au capital de sociétés non cotées passibles de l'impôt sur les sociétés.

**050-** Ces cessions à titre onéreux sont également imposées en droits d'enregistrement en application de l'article 726 du CGI.

Les cessions d'actions sont soumises à un droit de 1 % plafonné à 3 049 € par mutation jusqu'au 31 décembre 2005. À compter du 1er janvier 2006, le taux est porté à 1,10 % et le plafond est relevé à 4 000 €.

Pour les sociétés cotées, ce droit de 1 % n'est dû que si la cession est constatée par un acte.

Pour les sociétés non cotées, ce droit est dû en toute hypothèse.

S'agissant des sociétés dont le capital n'est pas divisé en actions, les cessions de parts sociales sont soumises à un droit de 4,80 % porté à 5 % à compter du 1er janvier 2006, qu'elles soient constatées ou non par un acte. Un abattement égal pour chaque part sociale au rapport entre 23 000 € et le nombre total de parts de la société s'applique.

> **■ Conseils pratiques**
> Pour éviter d'avoir à acquitter ce droit de 4,80 % porté à 5 %, les sociétés dont le capital est divisé en parts se transforment souvent en société anonyme ou en société par actions simplifiées. Depuis l'arrêt RMC France[1], le juge de l'impôt admet ce changement de forme juridique dès lors qu'il n'est pas suivi du retour à la forme juridique antérieure. Il n'y a plus d'abus de droit.

**2 – Les cessions de titres sociaux à titre gratuit**

**051-** En application de l'article 787 B du CGI, sont exonérées de droits de mutation les transmissions à titre gratuit de parts ou actions de société par décès ou par donation en pleine propriété ayant fait l'objet d'un engagement collectif de conservation dit « pacte Dutreil » de deux ans au moins.

Au moment de la transmission, chacun des héritiers doit à son tour s'engager à conserver ses titres pendant une période de six ans et l'un d'entre eux doit s'engager à y exercer des fonctions de direction.

1. Cass. com., 10 décembre 1996 : *Dr. fisc.* 1997, comm. 471, note P. Dibout.

En cas d'irrespect de l'engagement collectif, tous les héritiers ou légataires sont tenus d'acquitter le complément de droits de mutation à titre gratuit majoré de l'intérêt de retard de 0,75 %, ramené à 0,40 % à compter du 1er janvier 2006. Si un seul ne respecte pas son engagement individuel, il est le seul tenu d'acquitter ce complément.

En revanche, aucune imposition en matière de plus-value n'est exigée du côté du cédant s'il est un simple apporteur de capitaux. S'il exerce son activité professionnelle dans cette société, la plus-value peut faire l'objet d'un report d'imposition en application de l'article 151 *nonies* II du CGI.

## B – Les modifications concernant le capital social

### 1 – Les réductions de capital

**052**- Lorsque la réduction du capital est motivée par des pertes subies par la société de telle sorte que les capitaux propres sont négatifs, seul le droit fixe des actes innomés est exigé de la société lors de l'enregistrement. Le droit fixe prévu à l'article 680 du CGI est de 75 € porté à 125 € à compter du 1er janvier 2006. Aucune imposition n'est due en matière d'impôt direct.

**053**- Lorsque la réduction du capital prend la forme d'une répartition d'une partie des biens sociaux aux associés, elle est assimilée à un partage partiel de la société.

Elle est imposée aux droits d'enregistrement selon les règles prévues pour les partages de sociétés.

Au regard des impôts directs, cette distribution est imposée dans la catégorie des revenus de capitaux mobiliers. Il en va autrement lorsque les sommes constituent pour les associés des remboursements d'apports à la condition que tous les bénéfices et réserves autres que la réserve légale aient été distribués.

**054**- Il existe une autre forme de réduction de capital lorsque la société rachète ses propres titres. L'imposition chez les associés diffère selon le but poursuivi par la société.

### 2 – L'augmentation de capital

**055**- Si l'augmentation de capital est réalisée par des apports en nature, la taxation est identique à celle qui s'applique aux créations de société.

**056**- Si l'augmentation de capital est opérée par voie d'apports en numéraire ou d'incorporation des dépôts faits par les associés en compte courant, aucun droit d'enregistrement n'est dû.

**057**- Enfin, lorsqu'une société augmente son capital au moyen de l'incorporation de réserves, de bénéfices ou de provision, cette augmentation donne lieu au paiement d'un droit fixe de 230 € porté, à partir du 1er janvier 2006, à 375 € ou 500 € selon que le capital est inférieur ou non à 225 000 €.

## 2 – La modification du régime fiscal

**058-** Jusqu'aux arrêts Beauvallet[1] et RMC France[2], la transformation juridique d'une société était imposée. Maintenant, seul le changement de régime fiscal a des conséquences en termes d'imposition.

**059-** Si une société de personnes opte pour l'assujettissement à l'impôt sur les sociétés, ce changement de régime fiscal provoque, selon l'article 202 *ter*, l'imposition immédiate des bénéfices d'exploitation non encore taxés, des bénéfices en sursis d'imposition et des plus-values latentes.

Toutefois, en l'absence de création d'une personne morale nouvelle, les bénéfices en sursis d'imposition et les plus-values latentes inclus dans l'actif social ne sont pas imposables immédiatement à la double condition qu'aucune modification ne soit apportée aux écritures comptables et que leur imposition demeure possible sous le nouveau régime fiscal.

**060-** Cette solution s'applique également dans l'hypothèse où une société de personnes cesse d'être soumise à l'impôt sur les sociétés pour être assujettie à l'impôt sur le revenu de ses associés. L'absence d'imposition est soumise aux mêmes conditions.

## 3 – Les apports partiels d'actif

**061-** L'apport partiel d'actif consiste en l'apport par une société d'une partie de son actif à une société préexistante.

**062-** Un régime de faveur s'applique lorsque l'actif apporté constitue une branche autonome et complète d'activité et est réalisé entre des sociétés soumises à l'impôt sur les sociétés. Cet apport doit comprendre à la fois l'actif et le passif de la division d'une société qui constituent, du point de vue de l'organisation, une exploitation autonome, c'est-à-dire un ensemble capable de fonctionner par ses propres moyens. À défaut, l'apport s'analyse en un apport à titre onéreux sauf si l'opération bénéficie d'un agrément administratif.

Ce régime de faveur prévu à l'article 210 B du CGI s'applique lorsque la société apporteuse prend l'engagement dans l'acte d'apport de conserver les titres reçus pendant trois ans et de calculer ultérieurement les plus-values de cession afférentes à ces mêmes titres par référence à la valeur que les biens apportés avaient, du point de vue fiscal, dans ses propres écritures. Toutefois cette imposition semble contestable au regard du droit communautaire. Ce régime de faveur permet d'éviter la taxation des plus-values lors de l'apport et de conserver les provisions.

1. Précité.
2. Précité.

En matière de droits d'enregistrement, les apports partiels d'actif sont soumis au seul droit fixe de 230 € porté à 375 € à compter du 1er janvier 2006.

## SECTION II – Les transformations de l'entreprise entraînant sa disparition

**063-** L'entreprise peut tout d'abord disparaître en cas de cessation. Il existe une autre transformation générant sa disparition qui ne concerne que les sociétés : ce sont les opérations de fusion et de scission.

### 1 – La disparition de l'entreprise commerciale

#### A – La dissolution de la société

**064-** En matière de droits d'enregistrement, lorsque la dissolution de la société ne génère aucune transmission de biens meubles ou immeubles entre les associés, elle est enregistrée moyennant le paiement d'un droit fixe de 230 € porté à la somme de 375 € ou de 500 € selon que le capital social est supérieur ou inférieur à 225 000 €.

**065-** A l'impôt sur le revenu, les associés peuvent reprendre en franchise le montant de leurs apports. Les sommes excédant le remboursement des apports ou du prix de revient des titres pour les associés qui les ont acquis après la création sont imposables en tant que revenu distribué.

> ■ **Exemple**
>
> Lors de sa liquidation, la société Martin a deux associés. M. Dupont a participé à sa création en 1990. M. Dubois a acquis ses titres en 2000 à l'occasion d'une augmentation de capital à un prix de revient unitaire de 350 €.
>
> L'actif net s'établit à la somme de 500 000 € alors que le capital social composé de 1 000 actions d'une valeur nominale de 200 € n'est que de 200 000 €.
>
> ▪ Le boni de liquidation est constitué par le montant de la différence entre l'actif net et le capital social : 500 000 – 200 000 = 300 000 €.
>
> ▪ Le boni imposable par titre de M. Dupont résulte de la différence entre la valeur nominale et le boni brut : 500 – 200 = 300 €.
>
> ▪ Le boni imposable de M. Dubois par titre résulte de la différence entre le boni brut et le prix de revient : 500 – 350 = 150 €.

### B – La cessation de l'entreprise individuelle

**066-** En cas de cession ou de cessation totale ou partielle d'une entreprise individuelle ou en cas de décès de l'exploitant, l'impôt sur le revenu est immédiatement établi.

Lorsque l'exploitant est placé sous un régime de bénéfice réel, l'imposition concerne les bénéfices d'exploitation non encore imposés, les bénéfices en sursis d'imposition et les plus-values constatées sur les éléments d'actif. L'exploitant dispose d'un délai de 60 jours pour déposer sa déclaration de résultat. Le délai est porté à six mois en cas de décès.

Les contribuables soumis au régime des micro-entreprises disposent des mêmes délais pour souscrire la déclaration et l'état prévu à l'article 201-3 *bis* du CGI.

**067-** L'exploitant peut décider d'apporter son entreprise individuelle à une société qu'il créé pour l'occasion. L'entreprise individuelle disparaît ainsi avec toutes les conséquences fiscales de la cessation.

Pour encourager ce genre d'opération, le législateur a adopté un régime de faveur prévu à l'article 151 *octies* du CGI.

Ce régime qui suppose une option de l'apporteur et de la société bénéficiaire évite l'imposition immédiate des plus-values dégagées sur les éléments amortissables de l'actif mais oblige la société à réintégrer une fraction des plus-values pendant cinq ans. Ce régime diffère la taxation des plus-values afférentes aux éléments d'actif non amortissables.

En droits d'enregistrement, l'apport est assujetti aux droits de mutation dès lors qu'il porte sur des immeubles ou un fonds de commerce à concurrence de la fraction taxable supérieure à 23 000 €. Dans ce cas, l'apport est soumis au droit de 5 % pour les apports effectués à compter du 1er janvier 2006, le taux étant antérieurement de 4,80 %. Cet apport peut cependant bénéficier, soit de l'application du seul droit fixe de 230 € lorsqu'il s'agit d'apport fait à une société préexistante, soit d'une exonération de droits en cas d'apport à une société en voie de formation si l'apporteur prend l'engagement de conserver les titres pendant trois ans.

**068-** L'exploitant peut également transmettre à titre gratuit son entreprise individuelle.

En application de l'article 787 C du CGI, sont exonérées de droits de mutation à titre gratuit, à concurrence de 75 % de leur valeur, les transmissions par décès et les donations en pleine propriété des biens meubles et immeubles, corporels ou non affectés à l'exploitation d'une entreprise individuelle.

Cela suppose que l'entreprise ait été détenue pendant deux ans par le défunt si celui-ci l'avait acquise à titre onéreux, que chacun des héritiers prenne l'engagement dans l'acte de conserver pendant six ans les biens affectés à l'exploitation et que l'un d'entre eux poursuive pendant cinq ans l'exploitation.

En cas de non-respect de l'engagement de conservation par un héritier, celui-ci doit acquitter le complément des droits de mutation selon l'article 1840 G *ter* du CGI. En revanche, tous les héritiers ou légataires sont tenus d'acquitter le complément de droits en cas d'irrespect de la condition liée à la continuation de l'exploitation.

Les bénéficiaires d'une transmission à titre gratuit d'une entreprise individuelle peuvent, sur option, se placer sous le régime du report d'imposition prévu à l'article 41 du CGI pour l'imposition des plus-values.

### C – Le changement d'activité de la société

**069-** Le changement de l'objet social ou de l'activité réelle d'une société emporte cessation d'entreprise et entraîne normalement l'imposition immédiate du bénéfice d'exploitation, des bénéfices en sursis d'imposition et des plus-values d'actif résultant de cette cessation en application de l'article 221-5 du CGI. Cette solution s'applique à toutes les sociétés, qu'elles soient soumises à l'impôt sur le revenu ou à l'impôt sur les sociétés.

**070-** Toutefois, ce même article 221-5 du CGI prévoit que les dispositions de l'article 221 *bis* du même code sont applicables aux sociétés soumises à l'impôt sur les sociétés, sauf en ce qui concerne les provisions dont la déduction est prévue par des dispositions particulières. Dans ce cas, trois conséquences seront tirées :

– imposition du bénéfice d'exploitation réalisé jusqu'à la date du changement ;

– réintégration des seules provisions réglementées ;

– perte du droit au report des déficits antérieurs, s'il y en a.

## 2 – Les fusions et les scissions de sociétés

### A – Les fusions

**071-** Une fusion est l'opération par laquelle une ou plusieurs sociétés absorbées transmettent par suite et au moment de leur dissolution sans liquidation l'ensemble de leur patrimoine soit à une autre société préexistante absorbante, soit à une nouvelle société, moyennant l'attribution à leurs associés de titres de la société absorbante.

**072-** Un dispositif de faveur, envisagé à l'article 210-0 A du CGI, prévoit l'absence d'imposition des plus-values et des bénéfices en sursis. Il est réservé aux seules sociétés soumises à l'impôt sur les sociétés sur l'intégralité de leurs résultats de nationalité française et aux opérations rémunérées par des titres du capital social.

De plus, la société bénéficiaire doit respecter ultérieurement certaines formalités notamment déclaratives.

**073-** Si les sociétés ne respectent pas ces conditions, le régime de droit commun s'applique.

La fusion s'analyse alors en une cessation d'entreprise suivie de la création d'une nouvelle société par apport. L'imposition immédiate de tous les bénéfices est exigée à l'impôt sur les sociétés. Les droits d'enregistrement sont dus en fonction des caractères des apports.

### B – Les scissions

**074-** Selon l'article 210-A du CGI, la scission est l'opération par laquelle une société scindée transmet par suite et au moment de sa dissolution sans liquidation l'ensemble de son patrimoine à deux ou plusieurs sociétés préexistantes ou nouvelles moyennant l'attribution aux associés de la société scindée, proportionnellement à leurs droits dans le capital, de titres des sociétés bénéficiaires des apports. Cette répartition proportionnelle n'est pas exigée en matière de droits d'enregistrement.

**075-** La scission bénéficie du régime de faveur de plein droit applicable aux fusions applicable en matière de droits d'enregistrement, d'impôt de distribution et d'impôt sur les sociétés.

Pour ce dernier impôt, il est subordonné au respect de trois conditions :

– la société scindée doit comporter au moins deux branches complètes d'activité ;

– les sociétés bénéficiaires reçoivent chacune une ou plusieurs de ses branches ;

– les associés s'engagent à conserver pendant trois ans les titres de chaque société bénéficiaire.

**076-** Dans l'hypothèse où l'une de ces conditions ne serait pas respectée, la société peut solliciter un agrément pour obtenir le bénéfice de ce dispositif.

**CAS PRATIQUE DE SYNTHÈSE**

# L'IMPOSITION DES ÉVÉNEMENTS STRUCTURELS AFFECTANT L'ENTREPRISE

La société Martin est propriétaire des marques Azur, Xelancia et Simone, ainsi que de marques distributrices. Elle a décidé le 30 juin 2003, de les apporter à la société Dubois, ainsi que ses stocks, et la clientèle relative à ces marques, l'ensemble étant évalué 48 529 753 €, à charge pour cette dernière de supporter un passif de 47 529 753 €, constitué exclusivement de dettes à l'égard de la société Dubois. L'apport net s'établit alors à 980 091 €.

L'écriture comptable du 1er juillet 2003 est la suivante :

| numéro | intitulé | Débit | Crédit |
|---|---|---|---|
| 207 | Acquisition Azur | 16 090 000 | |
| 207 | Acquisition Xelancia | 1 500 000 | |
| 207 | Acquisition Simone | 4 960 000 | |
| 207 | Marques distributeur entretien | 17 640 000 | |
| 207 | Marques distributeurs cosmétiques | 2 465 000 | |
| 237 | Pour solde acq 1er juillet 2003 | | 10 000 000 |
| 1013 | augmentation de capital | | 857 703 |
| 1043 | Prime | | 122 388 |
| 401151 | Paiement stock | 5 874 753 | |
| 451501 | Paiement apport | | 37 549 324 |
| 467401 | rompu sur apport | | 338 |
| 401151 | TVA sur stock | 1 092 704 | |
| 451501 | TVA sur stock | | 1 092 704 |

L'entreprise entend placer cette opération sous le régime des fusions en l'assimilant à une branche complète et autonome d'activité. En a-t-elle le droit ?

L'article 817 du CGI précise que les dispositions de l'article 816 et du II de l'article 816 A s'appliquent aux scissions et aux apports partiels d'actif. L'article 816 dispose que les actes qui constatent des opérations de fusion auxquelles participent exclusivement des personnes morales ou organismes passibles de l'impôt sur les sociétés bénéficient du régime suivant : il est perçu un droit d'enregistrement fixe ou une taxe fixe de publicité foncière. Par ailleurs la prise en charge du passif dont sont grevés les apports mentionnés dans ces actes est exonérée de tous droits et taxes de mutation ou de publicité foncière.

De plus, l'article 817 A dispose qu'un décret en Conseil d'État fixe les conditions d'application de l'article 816, du II de l'article 816 A et de l'article 817, notamment la définition des apports partiels, fusions ou opérations assimilables, au sens de la directive du 9 avril 1973 du conseil des Communautés Européennes, à des fusions ouvrant droit au régime spécial et, pour ces dernières opérations, les cas de déchéance de ce régime.

L'instruction du 11 août 1992 à son article 40, dont le contenu est reproduit à l'article 301 E de l'annexe II du code général des impôts, définit la branche complète et autonome d'activité comme l'ensemble des éléments d'actifs et de passifs d'une division d'une société qui constituent, du point de vue de l'organisation, une exploitation autonome, c'est-à-dire un ensemble capable de fonctionner par ses propres moyens.

Et, elle poursuit, en précisant que seuls les éléments de passif directement attachés à la branche en cause peuvent être apportés. En effet, l'apport d'éléments de passif non attachés à cette branche équivaudrait au paiement d'une soulte par la société bénéficiaire. Or la législation française comme la directive européenne du 23 juillet 1990 ne prévoient pas la possibilité, pour l'apporteur, de recevoir une soulte en complément des titres reçus en rémunération de l'apport. La prise en charge d'un passif non attaché à la branche apportée fait donc obstacle à l'application du régime de faveur des fusions et cela quel qu'en soit le montant.

En l'absence de l'application de ces dispositions dérogatoires, le droit commun des apports s'applique. La doctrine administrative publiée à la documentation de base DB 7 H 231 précise qu'il y a apport à titre onéreux toutes les fois que l'apporteur est rémunéré par la société bénéficiaire de l'apport au moyen d'un équivalent ferme, actuel et soustrait aux risques sociaux. L'apport réalisé prend alors le caractère d'une véritable vente à la société.

Le « passif » contractuel est composé à hauteur de 10 millions d'euros d'acomptes versés sur des immobilisations incorporelles, et de 37 549 324 € d'avances financières en compte courant, liées à la convention de trésorerie. La société considère qu'il s'agit de dette alors qu'en réalité ces sommes constituent des avances financières consenties par la société Martin au profit de la société Dubois.

L'examen des écritures de ce compte 451501 conduit à conclure que cette somme constitue une simple contrepartie à l'apport réalisé. Tous les mouvements liés aux flux commerciaux transitent par un compte client.

Par ailleurs, il convient de noter deux autres points relatifs à la convention de trésorerie. À l'ouverture de la période vérifiée, soit le 1er janvier 2003, la société Martin était titulaire d'une créance de 7 350 000 €. À la clôture du premier exercice, soit le 30 septembre 2004, elle était débitrice de 25 499 324 € (35 499 324 €, si l'on annule l'avance de 10 000 000 € se rapportant aux acquisitions projetées de marques).

Le montant de 37 549 324 € correspond au solde de la convention de trésorerie au jour de la réalisation de l'apport le 1er juillet 2003. Sans cette opération d'apport, la créance à la clôture de l'exercice 2003 aurait été de 38 116 619, et non de 567 295 €. La société ne peut pas considérer qu'il s'agit d'un passif alors qu'en réalité, la société Dubois a abandonné cette créance, moyennant l'apport des marques.

De plus, les parties avaient stipulé dans leur traité d'apport : « ainsi qu'il a été dit ci-dessus, les apports de la société Martin sont consentis et acceptés moyennant la charge pour la société bénéficiaire de payer en l'acquit de la société apporteuse, indépendamment de la rémunération sous forme d'actions nouvelles de la société bénéficiaire, le passif contractuellement mis à sa charge. D'une manière générale, la société bénéficiaire prendra en charge l'intégralité du passif de la société apporteuse, tel qu'il existera au jour de la réalisation définitive, mais exclusivement dans la mesure où il se rapportera aux biens apportés ». Par cette clause, la société distingue un passif contractuel, à savoir un abandon de créance, et un passif se rapportant aux marques apportées. Celui-ci n'est toutefois pas évalué.

Le passif contractuel a été fixé par les parties elles-mêmes à la somme de 47 549 324 €. Par définition, ce « passif » se rapporte à l'ensemble de l'activié de la société Martin, et non à l'activité liée à la seule branche apportée.

Par ailleurs, cet apport ne comporte aucun matériel nécessaire pour la fabrication. La société apporteuse sous traitait la fabrication des produits auprès d'industriels. Il n'y a pas d'apport des contrats de sous-traitance, dans la mesure où la société Dubois a réalisé cette opération afin de rentabiliser une de ses usines.

De surcroît, le conseil d'administration réuni le 15 mars 2003 avait envisagé l'achat et non l'apport des marques litigieuses dans ces termes : « *L'intérêt pour la société Dubois est de pouvoir étoffer ses marques propres et ensuite de confier la fabrication de ces marques à son usine, dans la mesure où celle-ci serait acquise. Les prix de cession seront arrêtés définitivement à dire d'expert désigné par le Tribunal de commerce. Le prix de l'ensemble des cessions devrait se situer entre 10 et 14 millions, en prenant pour méthode de calcul 8 fois la marge brute dégagée par ces marques.* » Il n'était pas fait mention des marques distributeurs ainsi que de la clientèle.

Enfin la contrepartie au stock est la convention de trésorerie. Cette écriture tend à démontrer le simple achat, et non un apport.

En conclusion, la qualification d'apport partiel d'actif portant sur une branche complète et autonome ne peut être retenue. Il s'agit d'un apport à titre onéreux dont la valeur s'établit à 41 674 571 €.

Dès lors, cette opération d'apport à titre onéreux est passible des droits d'enregistrement. La cession d'une marque de fabrique est taxée en tant que cession de clientèle dès lors qu'il y a cession de la clientèle attachée à la marque.

# TITRE II

# L'IMPÔT SUR LES BÉNÉFICES

**077-** Le droit fiscal français impose les bénéfices réalisés par toutes les entreprises commerciales. Certaines modalités peuvent varier selon la forme de l'entreprise. C'est ainsi que des règles s'appliquent à toutes les entreprises et que d'autres règles ne vont concerner que certaines d'elles. En effet, une activité commerciale peut être exploitée dans le cadre d'une entreprise individuelle ou dans le cadre d'une société. Il est possible de distinguer les règles applicables à l'ensemble des entreprises commerciales et celles dont le champ d'application se limite aux entreprises individuelles, aux sociétés soumises à l'impôt sur les sociétés, aux sociétés de personnes et aux groupes de sociétés.

# CHAPITRE 3

# LES DISPOSITIONS APPLICABLES À L'ENSEMBLE DES ENTREPRISES COMMERCIALES

**078-** Les principes généraux doivent être tout d'abord envisagés, ce qui nous permettra ultérieurement d'aborder les modalités de détermination des produits et des charges ainsi que les régimes d'imposition.

## SECTION I – Les principes généraux

**079-** Ces principes généraux qui sont au nombre de quatre concernent toutes les entreprises commerciales.

### 1 – La définition du résultat imposable

**080-** Définir le bénéfice imposable suppose d'envisager la théorie du bilan, valable à la fois en droit comptable et en droit fiscal, et les règles fiscales dérogatoires aux solutions comptables.

#### A – La théorie du bilan

**081-** A la mise en place de l'impôt sur le revenu, en 1917, seul le bénéfice dégagé par l'exploitation courante était imposé en application de la théorie de la source. La théorie économique de l'enrichissement n'avait pas été retenue.

Cette conception de la source avait pour conséquence de ne pas imposer les profits exceptionnels provenant de la cession d'actif en cours ou en fin d'exploitation. Le bénéfice imposable devait être défini comme l'ensemble des fruits découlant de manière périodique d'une source permanente qui peut être le travail, le capital ou une combinaison des deux. Ceci allait à l'encontre de la nécessité d'imposer tous les revenus pour assurer l'égalité devant l'impôt.

**082-** L'administration a tenté d'imposer ces gains. Par une instruction du 31 janvier 1928, elle a prévu que les gains tirés des ventes isolées d'éléments d'actif effectuées en cours d'exploitation devaient être compris parmi les éléments du bénéfice imposable. Mais le Conseil d'État refuse cette interprétation et reste attaché à la conception de l'impôt cédulaire qui frappait exclusivement les revenus à l'exclusion des gains en capital.

**083-** Le législateur est alors intervenu pour infirmer cette jurisprudence et préciser que le bénéfice imposable devait être déterminé dorénavant « d'après les résultats d'ensemble des opérations de toute nature effectuées par les entreprises »(article 46 de la loi du 28 février 1933). Cette disposition a été complétée par l'article 7 du décret-loi du 20 juillet 1934 par la formule suivante : « *y compris les cessions d'éléments quelconques de l'actif soit en cours, soit en fin d'exploitation* ». Cette formulation se retrouve à l'actuel article 38-1 du CGI.

La loi du 13 janvier 1941 ajoute à cet article un texte qui n'est autre que le paragraphe 2 de l'actuel article 38 du CGI : le bénéfice net est constitué par « *la différence entre les valeurs de l'actif net à la clôture et à l'ouverture de la période dont les résultats doivent servir de base à l'impôt* ». Cette loi consacre définitivement la théorie du bilan sur le plan fiscal.

**084-** Cette méthode de détermination du bénéfice soulève la question de la composition du bilan. Ce problème est d'une importance capitale pour les entreprises individuelles. Il porte sur la nature des biens, notamment des immeubles, qui doivent ou peuvent figurer au bilan.

C'est tout le problème de la distinction entre le patrimoine privé et le patrimoine professionnel de l'exploitant individuel. En vertu du principe de liberté d'affectation comptable, l'exploitant est libre ou non de faire figurer un bien à l'actif de son bilan. Toutefois, certains biens sont compris obligatoirement dans l'actif professionnel même s'ils ne sont pas inscrits à l'actif du bilan. Ainsi en est-il du droit au bail ou du fonds de commerce[1].

Une autre exception au principe de la liberté d'affectation comptable concerne les sociétés. Dès lors qu'elles sont propriétaires d'un bien, celui-ci doit être inscrit à l'actif. En cas d'omission, dans le cadre d'une vérification de comptabilité, l'administration considérera qu'il y aura une minoration d'actif, ce qui aura pour conséquence d'augmenter son actif, donc son résultat en application de la théorie de l'enrichissement et de la nouvelle rédaction de l'article 38 du code.

**■ Exemple**

Une société a omis de comptabiliser à l'actif de son bilan les constructions édifiées par le locataire dont elle est devenue propriétaire à l'issue du bail à construction sans indemnité.

À l'occasion d'un contrôle fiscal, l'administration considère que la société aurait dû inscrire à l'actif de son bilan.

Le droit comptable exige que le total formé à l'actif égale le total formé au passif. En l'absence de dette, seul l'actif net est affecté.

1. CE, 10 juin 1970 : *Dr. fisc.* 1971, comm. 249.

| ■ Actif | | ■ Passif | |
|---|---|---|---|
| Actif immobilisé : | 100 | Actif net : | 100 |
| Actif circulant : | 0 | Autre passif : | 0 |
| Total : | 100 | Total : | 100 |

La conséquence sur le plan fiscal est la réalisation d'un bénéfice imposable sur le fondement de l'article 38-2 du CGI.

### B - La spécificité de la réglementation fiscale

**085-** Le résultat comptable comprend tous les gains générés par l'exploitation courante et par les opérations financières ou exceptionnelles qu'une entreprise commerciale peut générer au cours d'un exercice.

**086-** Ce résultat comptable peut être différent du résultat fiscal. Des dépenses déductibles sur le plan comptable ne le sont pas en application des textes fiscaux (voir tableau 2033 B page suivante).

Ne sont pas déductibles les **amortissements excédentaires** de certains biens comme les véhicules de tourisme.

Il en va de même des **charges somptuaires** en application de l'article 39-4 du CGI. Entrent dans cette catégorie les dépenses relatives à l'exercice de la chasse, de la pêche, à la détention de résidences de plaisance ou de bateau. Il n'en va pas de même si l'objet de l'entreprise consiste à exploiter des bateaux de plaisance ou des résidences en les louant à des clients.

Les **amendes, les pénalités de toute nature** mises à la charge des contrevenants aux dispositions légales régissant les prix, le ravitaillement, la répartition des divers produits, l'assiette et le recouvrement des impôts, contributions et taxes ne sont pas admises en déduction des bénéfices soumis à l'impôt en application de l'article 39-2 du CGI. Il résulte notamment de ce texte que les intérêts de retard ou majorations de droits dus en cas de défaut ou d'insuffisance de déclarations ne sont pas déductibles même si ces pénalités portent sur des impôts dont la déduction est admise.

Enfin, il convient de tenir compte du régime d'imposition de faveur de certains produits. Doivent être déduites du résultat imposable les plus-values nettes à long terme et réintégrées au résultat les moins-values nettes à long terme. Cela conduit fiscalement à déterminer un résultat ordinaire soumis au taux de droit commun variable selon la structure juridique choisie par l'exploitant et un résultat exceptionnel qui bénéficiera d'un taux de faveur.

L'ensemble de ces règles peuvent conduire à un bénéfice fiscal alors que sur le plan comptable, la société a réalisé un déficit.

cerfa N° 10957 * 07 ② **COMPTE DE RÉSULTAT SIMPLIFIÉ DE L'EXERCICE (en liste)** D.G.I. N° 2033-B 5 (2005)

Formulaire obligatoire (article 302 septies A bis du Code général des impôts) Désignation de l'entreprise ______ Néant ☐*

## A – RÉSULTAT COMPTABLE

| | | Code | Exercice N clos le | Code | Exercice N-1 clos le |
|---|---|---|---|---|---|
| PRODUITS D'EXPLOITATION | Ventes de marchandises* — dont export et livraisons intracommunautaires 209 | 210 | | | |
| | Production vendue : biens — dont export et livraisons intracommunautaires 215 | 214 | | | |
| | Production vendue : services* — dont export et livraisons intracommunautaires 217 | 218 | | | |
| | Production stockée* (Variation du stock en produits intermédiaires, produits finis et en cours de production) | 222 | | | |
| | Production immobilisée* | 224 | | | |
| | Subventions d'exploitation reçues | 226 | | | |
| | Autres produits | 230 | | | |
| | Total des produits d'exploitation hors T.V.A. (I) | 232 | | | |
| CHARGES D'EXPLOITATION | Achats de marchandises* (y compris droits de douane) | 234 | | | |
| | Variation de stock (marchandises)* | 236 | | | |
| | Achats de matières premières et autres approvisionnements* (y compris droits de douane) | 238 | | | |
| | Variation de stock (matières premières et approvisionnement)* | 240 | | | |
| | Autres charges externes* : (dont crédit bail : — mobilier : ........ — immobilier : ........) | 242 | | | |
| | Impôts, taxes et versements assimilés (dont taxe professionnelle* 243) | 244 | | | |
| | Rémunérations du personnel* | 250 | | | |
| | Charges sociales (cf. renvoi 380) | 252 | | | |
| | Dotations aux amortissements* | 254 | | | |
| | Dotations aux provisions | 256 | | | |
| | Autres charges (dont provisions fiscales pour implantations commerciales à l'étranger* 259) | 262 | | | |
| | Total des charges d'exploitation (II) | 264 | | | |
| 1 — RÉSULTAT D'EXPLOITATION (I – II) | | 270 | | | |
| PRODUITS ET CHARGES DIVERS | Produits financiers (III) | 280 | | | |
| | Produits exceptionnels (IV) | 290 | | | |
| | Charges financières (V) | 294 | | | |
| | Charges exceptionnelles (VI) | 300 | | | |
| | Impôts sur les bénéfices* (VII) | 306 | | | |
| 2 — BÉNÉFICE OU PERTE : **Produits (I + III + IV) — Charges (II + V + VI + VII)** | | 310 | | | |

## B – RÉSULTAT FISCAL

| | | Code | Col. 1 | Code | Col. 2 |
|---|---|---|---|---|---|
| | Reporter le bénéfice comptable col.1, le déficit comptable col. 2 | 312 | | 314 | |
| Réintégrations | Rémunérations et avantages personnels non déductibles* | 316 | | | |
| | Amortissements excédentaires (art. 39-4 C.G.I.) et autres amortissements non déductibles | 318 | | | |
| | Provisions non déductibles* | 322 | | | |
| | Impôts et taxes non déductibles* | 324 | | | |
| | Divers*, dont intérêts excédentaires des cptes-cts d'associés 247 ; écarts de valeurs liquidatives sur OPCVM* 248 | 330 | | | |
| Déductions | Exonérations ou abattements sur le bénéfice entreprises nouvelles, zones franches urbaines ou corse* (reprise d'entreprises en difficultés 981) | | | 342 | |
| | Divers*, (dont : investissements outre-mer 344 ; créance due au report en arrière du déficit* 346) | | | 350 | |
| **RÉSULTAT FISCAL AVANT IMPUTATION DES DÉFICITS ANTÉRIEURS** | Bénéfice col. 1 / Déficit col. 2 | 352 | | 354 | |
| Déficits | Déficit de l'exercice reporté en arrière (Entreprises I.S. seulement) | 356 | | | |
| | Déficits antérieurs reportables : (Entreprises I.S. seulement)* ........ dont imputés sur le résultat : | | | 360 | |
| | Amortissements réputés différés créés (col. 1) ou imputés (col. 2)* (1) | 366 | | 368 | |
| **RÉSULTAT FISCAL APRÈS IMPUTATION DES DÉFICITS** | Bénéfice col. 1 — Déficit col. 2 | 370 | | 372 | |

| | | | | | |
|---|---|---|---|---|---|
| Primes et cotisations complémentaires facultatives | 381 | exonérations ou abattements* entreprises nouvelles ou ZFU | 382 | **n° du centre de gestion agréé :** | 388 |
| Montant de la T.V.A. collectée | 374 | Effectif moyen du personnel* : | 376 | dont apprentis : ; handicapés : | Montant des prélèvements personnels de marchandises* |
| Montant de la T.V.A. déductible sur biens et services (sauf immobilisations) : | 378 | Cotisations personnelles obligatoires de l'exploitant* : | 380 | | 399 |

(1) La création d'ARD demeure possible au titre des seuls exercices ouverts avant le 1er janvier 2004.
* Des explications concernant cette rubrique sont données dans la notice 2033-NOT.

*1er EXEMPLAIRE DESTINÉ À L'ADMINISTRATION*

N° 2033 B - IMPRIMERIE NATIONALE Février 2005 - 4 0150071

**Document A**

## 2 – Le principe de rattachement des créances et des dettes

**087-** La jurisprudence a dégagé de l'article 38-2 du CGI un principe fondamental, dit des « créances acquises et des dettes certaines », selon lequel le bénéfice imposable est déterminé en tenant compte, non pas des seules opérations ayant fait l'objet d'un règlement au cours de la période d'imposition mais bien de l'ensemble des produits définitivement acquis et des dépenses engagées ou, en d'autres termes, de l'ensemble des créances et des dettes qui sont devenues certaines dans leur principe et dans leur montant au cours de la période considérée, même si ce montant n'est encaissé qu'ultérieurement.

**088-** La période d'imposition correspond, en principe, à l'exercice comptable. L'article L. 123-12 du Code du commerce impose que les comptes soient arrêtés tous les ans. Il en résulte que la durée normale de l'exercice est de 12 mois. La durée peut être différente de 12 mois pour le premier exercice social et en cas de fusion ou d'apport d'actif, notamment.

Si aucun bilan n'est dressé au cours d'une année quelconque, l'impôt dû au titre de la même année est établi sur les bénéfices de la dernière période écoulée depuis la fin de la dernière période imposée. L'article 37 du CGI prévoit que ces bénéfices viennent en déduction des résultats du bilan dans lesquels ils sont compris.

**089-** Les produits correspondant à des créances sur la clientèle ou à des versements reçus à l'avance en paiement du prix sont rattachés pour les **ventes ou opérations assimilées**, à l'exercice au cours duquel intervient la livraison des biens et pour les **fournitures ponctuelles de services**, à l'exercice au cours duquel intervient l'achèvement des prestations. Lorsqu'un contrat de vente comporte une clause de réserve de propriété, la livraison s'entend de la remise matérielle du bien.

**■ Exemple 1**

La société Dupond commande le 1er décembre 2004 deux tonnes de pommes de terre à l'entreprise Simon. Cette dernière envoie la marchandise le 2 janvier 2005 accompagnée de la facture. La facture mentionne un prix d'achat HT de 100 000 €.

Quel exercice sera concerné par cette vente, sachant que l'entreprise Simon clôture ses exercices le 31 décembre ? Par ailleurs, vous devez passer les écritures comptables.

En matière de BIC-IS, on prend en compte la livraison. Cela signifie que la vente devra être comptabilisée au titre de l'exercice 2005.

L'écriture que l'entreprise Simon devra passer en date du 2 janvier 2005 est la suivante :

| | | |
|---|---|---|
| 41 comptes clients | 105 500 | |
| 4457 TVA collectée | | 5 500 |
| 70 Ventes | | 100 000 |

**■ Exemple 2**

La société Durand transporte le 1er décembre 2004 des ordinateurs à l'entreprise Simon. Le transporteur émet la facture le 31 janvier 2005, qui ne sera payée que le 15 février suivant. La facture mentionne un prix HT de 1 000 €.

Quel exercice sera concerné par cette prestation, sachant que la société Durand clôture ses exercices le 31 décembre ? Par ailleurs, vous devez passer les écritures comptables.

En matière de BIC-IS, on prend en compte l'achèvement de la prestation. Cela signifie que la prestation devra être comptabilisée au titre de l'exercice 2004.

L'écriture que la société Durand devra passer est la suivante en date du 1er décembre 2004 :

| | | |
|---|---|---|
| 41 comptes clients | 1 196 | |
| 4457 TVA collectée | | 196 |
| 70 Ventes | | 1 000 |

**090-** Ces produits doivent être pris en compte pour les **prestations continues** rémunérées notamment par des intérêts ou des loyers[1] et pour les **prestations discontinues à échéances successives** échelonnées sur plusieurs exercices, au fur et à mesure de l'exécution des prestations, et pour les travaux d'entreprise donnant lieu à réception complète ou partielle, à la date de cette réception, même si elle est seulement provisoire ou faite avec des réserves, ou à celle de la mise à disposition du maître de l'ouvrage si elle est antérieure.

**■ Exemple 1**

La société Martin a conclu, le 1er juillet 2004, un contrat d'entretien de son installation électrique avec l'entreprise Milou, d'une durée de 1 an, par lequel cette entreprise doit intervenir deux fois par an, la première en septembre, et l'autre en mars. La prestation est facturée 10 000 € HT pour l'ensemble de la période, et payée comptant le 1er août 2004.

En application des règles susvisées, cette prestation discontinue à échéances échelonnées doit être comptabilisée en partie au titre de septembre 2004 et en partie au titre de mars 2005.

1. V. le raisonnement suivi par le juge de l'impôt dans l'appréciation de ces prestations CE, 24 mai 2000, req. n° 193817 *RJF* 7-8/2000, n° 887.

**■ Exemple 2**

M. Germain, boucher, a conclu un bail commercial en 1990 pour exploiter son commerce. M. Hubert, propriétaire, lui envoie ses avis de loyer, deux fois par an, le 1er janvier et le 1er juillet. Le loyer semestriel est de 10 000 €.

Cette prestation continue rémunérée par un loyer doit être comptabilisée au fur et à mesure de l'exécution. L'intégralité du loyer est déductible au titre de l'année.

Que se passerait-il si les avis de loyer étaient envoyés le 1er mai et le 1er novembre ?

Dans ce cas, le contribuable devra procéder à des écritures de régularisation au titre de chaque exercice comptable.

## 3 – L'acte anormal de gestion

### A – La notion d'acte anormal de gestion

**091-** Le juge de l'impôt a énoncé qu'« *un contribuable n'était jamais tenu de tirer des affaires qu'il traite, le maximum de profit que les circonstances lui auraient permis de réaliser* » et que l'administration n'avait pas à s'immiscer dans la gestion des entreprises[1].

**092-** Ce principe de non-immixtion de l'administration fiscale dans la gestion des entreprises comporte des limites qui ont été fixées par la jurisprudence dans le cadre de la théorie des actes anormaux de gestion. Il s'agit avant tout d'éviter l'évasion ou la fraude fiscale, en interdisant aux entreprises d'accomplir des actes ou des opérations qui auraient pour effet de modifier la répartition de la charge fiscale entre les contribuables.

**093-** Le juge de l'impôt a dégagé le critère de distinction entre les actes normaux et les actes anormaux de gestion : celui-ci repose sur l'intérêt de l'exploitation. « *Un acte anormal de gestion est celui qui est accompli dans l'intérêt d'un tiers par rapport à l'entreprise ou qui n'apporte à cette entreprise qu'un intérêt minime, hors de proportion avec l'avantage que le tiers peut en retirer*[2] ».

**094-** Cette théorie a vocation à s'appliquer quand une entreprise renonce à un profit. Elle a également vocation à s'appliquer à propos des charges et des engagements de dépenses étrangers à l'intérêt de l'entreprise. Ils peuvent être exposés au profit des membres de l'entreprise ou de tiers par rapport à l'entreprise.

Le juge de l'impôt a refusé d'admettre sur le fondement de la théorie de l'acte anormal de gestion la non-déduction du résultat de « pots de vins »versés

1. CE 7 juillet 1958, req. n° 35.977 : Dr. Fisc. 1958, n° 44, comm. 938.
2. O. Fouquet, Concl. sur CE, 10 juillet 1982 *Dr. fisc.* 1993, n° 27, comm. 1392.

à des salariés ayant des fonctions commerciales dans des sociétés ou groupements d'achats de clients dès lors que ces commissions étaient proportionnelles au chiffre d'affaires traité et que celui-ci avait progressé de manière significative grâce à cette pratique. De nouvelles dispositions ont été adoptées par la loi de finances rectificative pour 1997, laquelle intègre en droit français les recommandations de l'OCDE et modifie les solutions précédemment admises. Ces dispositions ont été codifiées à l'article 39-2 *bis* du CGI.

### B – La preuve de l'acte anormal

**095-** Quand l'administration invoque un acte anormal de gestion, la détermination de la personne qui supporte le fardeau de la preuve dépend de la nature des obligations comptables.

Si l'acte s'est traduit en comptabilité par une écriture portant sur des créances de tiers, des amortissements, des provisions ou des frais généraux, lesquels viennent tous en déduction du bénéfice net, la preuve du caractère normal de l'acte reposera dans les faits sur le contribuable qui doit justifier, dans son principe et dans son montant, de l'exactitude de l'écriture comptable. Dans l'hypothèse inverse, la preuve incombera à l'administration.

**096-** Cette distinction a une importance pratique considérable car, selon le mode de comptabilisation choisi par l'entreprise, la charge de la preuve peut être ou non inversée. C'est ainsi qu'une société qui avait effectué des travaux dans un appartement loué par le dirigeant et qui en était usufruitière, alors que ses enfants, nus-propriétaires, en avaient la libre disposition, supporte la preuve de la normalité de l'acte quand elle a porté en charges le montant des travaux au lieu de les immobiliser, alors que, si elle les avait inscrits en immobilisations, la charge de la preuve aurait incombé à l'administration[1].

**■ Exemple**

La société Dupond fabrique des portes et des fenêtres en aluminium. Elle réalise un chiffre d'affaires et un bénéfice en constante augmentation.

Au titre de l'exercice clos en 2004, ayant d'importantes liquidités, elle a consenti une avance en compte courant au PDG d'un montant de 120 000 €, sans intérêt.

Que peut-on penser d'une telle avance sans intérêt, sachant que la société a réalisé un bénéfice fiscal de 100 000 € ?

L'avance sans intérêt constitue un acte anormal de gestion. Le plus souvent l'administration notifie à la société une rectification consistant à rehausser son résultat fiscal des intérêts financiers qu'elle aurait dû réclamer à son dirigeant.

1. CE, 26 février 1988 : *Dr. fisc.* 1989, n° 42, comm. 1892.

La société acquitte ainsi un impôt sur les bénéfices. Le dirigeant fera aussi l'objet d'un rappel dans la catégorie des revenus de capitaux mobiliers : il a bénéficié d'une distribution officieuse sans abattement.

L'administration peut distribuer la totalité de l'avance sur le fondement de l'article 111 a du CGI. Mais lorsque ces sommes sont remboursées à la personne morale qui les avait versées, la fraction des impositions auxquelles leur attribution avait donné lieu, est restituée aux bénéficiaires dans les conditions visées aux articles 49 *bis* à 49 *sexies* de l'annexe III au CGI.

Depuis trois exercices, la société Dupond détient l'utilisation de marques et de brevets dans le domaine des volets en aluminium, dans le cadre de licences accordées par Dupond et Cie, société luxembourgeoise dite « holding loi de 1929 ». À ce titre, elle supporte une redevance annuelle de 50 000 €. Toutefois, ce droit ne génère aucun chiffre d'affaires. De plus, rien n'a été réalisé dans l'entreprise, que ce soit en termes d'immobilisations, de personnel, pour mettre en valeur ce droit.

Que peut-on penser d'une telle redevance ?

À titre d'information, une « holding loi de 1929 » est une société de droit luxembourgeois, qui a pour objet uniquement l'acquisition et la gestion d'un portefeuille de valeurs mobilières. Sur le plan fiscal, elle est exonérée de tout impôt, à l'exception des droits d'enregistrement (droit d'apport au taux de 1 % lors de la constitution, taxe d'abonnement annuel de 0,2 %). Il convient de préciser qu'elles sont exclues du champ d'application des conventions fiscales.

La redevance constitue également un acte anormal de gestion. On peut considérer qu'il s'agit d'un transfert indirect de bénéfice à hauteur du montant de la redevance sur le fondement de l'article 57 du CGI.

## 4 – Les transferts indirects de bénéfices à l'étranger

**097-** Le CGI contient un certain nombre de dispositions de lutte contre la fraude fiscale internationale, qui tend à déplacer la matière imposable dans des états dits à fiscalité privilégiée, voire des paradis. Le deuxième alinéa de l'article 238 A du CGI précise que les personnes domiciliées ou établies hors de France sont regardées comme soumises à un régime fiscal privilégié dans l'État ou le territoire considéré si elles n'y sont pas imposables ou si elles y sont assujetties à des impôts sur les bénéfices ou les revenus notablement moins élevés qu'en France. Les paradis fiscaux peuvent être définis comme des entités territoriales dotées de la souveraineté fiscale, où les impôts sont faibles ou nuls et où les entreprises et les particuliers sont invités à transférer leurs bénéfices ou leurs revenus afin d'en retirer un avantage financier substantiel.

Avec ces mécanismes, les États cherchent à préserver leurs recettes fiscales. Ils ont une inclinaison naturelle à ne voir que les entités situées sur leur territoire et à vouloir les traiter isolément, sans prendre en compte le fait que ces entreprises s'insèrent dans un groupe plus vaste qui peut avoir un intérêt propre.

Les entreprises recherchent, elles, à utiliser la loi fiscale des différents États à des fins de minimalisation du coût fiscal de leurs opérations.

Il faut cependant préciser que ces transferts peuvent répondre à d'autres soucis : développement des exportations par des prix plus compétitifs ; éviter les dispositifs rigoureux de lutte contre les prix de transfert anormalement bas d'un État comme celui adopté par les États-Unis d'Amérique.

**098-** Depuis une loi du 31 mai 1933, codifiée à l'article 57 du CGI, l'administration a la possibilité de rectifier, sous le contrôle du juge, les résultats déclarés par les entreprises françaises relevant de l'impôt sur le revenu ou de l'impôt sur les sociétés qui sont sous la dépendance ou qui possèdent le contrôle d'entreprises situées hors de France et qui ont transféré des bénéfices de manière indue à ces dernières.

## A – Les conditions d'application de l'article 57 du CGI

**099-** Lorsqu'elle entend se prévaloir des dispositions de l'article 57, l'administration doit tout d'abord établir l'existence d'un lien de dépendance entre l'entreprise étrangère et l'entreprise française et, ensuite, apporter la preuve de la réalité d'un transfert de bénéfices au profit de l'entreprise étrangère, à charge pour le contribuable vérifié de prouver qu'il s'agit d'un acte de gestion normale, compte tenu des contreparties existantes.

### 1 – L'existence de liens de dépendance

**100-** Ces liens peuvent résulter d'une dépendance juridique ou simplement de fait.

Une entreprise française est placée sous la **dépendance juridique** d'une entreprise étrangère lorsque cette dernière possède une part prépondérante de son capital ou la majorité absolue des suffrages susceptibles de s'exprimer dans les assemblées. Il en est de même lorsque l'entreprise étrangère exerce, au sein de l'entreprise française, directement ou par personnes interposées, des fonctions comportant le pouvoir de décision.

Si la dépendance juridique ne peut être démontrée, il peut néanmoins exister une **dépendance de fait** entre l'entreprise française et l'entreprise étrangère. Le lien de dépendance peut être contractuel ou découler des conditions dans lesquelles s'établissent les relations entre les deux entreprises.

**101-** Cette condition de dépendance ou de contrôle n'est pas exigée lorsque le transfert s'effectue avec des entreprises situées dans un État étranger ou dans un territoire situé hors de France dont le régime fiscal est privilégié au sens de l'article 238 A du CGI.

#### 2 – L'existence d'un transfert indirect de bénéfices

**102-** La preuve de l'existence d'un transfert indirect de bénéfices est requise. Le Conseil d'État rappelle régulièrement cette exigence : « *Cet article, sous réserve que l'administration ait établi l'existence d'un lien de dépendance entre l'entreprise située en France et l'entreprise située hors de France ainsi que de majorations ou de minorations de prix ou des moyens analogues de transfert de bénéfices, constituent une présomption pesant sur l'entreprise passible de l'impôt sur les sociétés laquelle ne peut obtenir, par la voie contentieuse, la décharge ou la réduction de l'imposition établie en conséquence qu'en apportant la preuve des faits dont elle se prévaut pour démontrer qu'il n'y a pas eu transfert de bénéfices*[1] ».

**103-** L'administration doit véritablement établir l'existence d'un avantage, ce qu'elle ne fait pas en faisant simplement état d'une marge bénéficiaire inférieure à la moyenne des exercices suivants[2].

**104-** Les transferts indirects de bénéfices peuvent être opérés par voie de majoration ou de diminution des prix d'achat ou de vente ou par tout autre moyen comme le versement de redevances excessives ou sans contrepartie, l'octroi de prêts sans intérêt ou à un taux réduit, les remises de dettes ou l'attribution d'un avantage hors de proportion avec le service rendu.

### B – La procédure applicable

**105-** Lorsque la preuve de l'existence d'un transfert est apportée, l'article 57 du CGI établit une **véritable présomption de transfert**. Mais cette présomption n'est pas irréfragable et l'entreprise française a la possibilité d'apporter la preuve que les opérations correspondantes répondent à des nécessités commerciales réelles, par exemple.

**106-** Par ailleurs, en application des dispositions de l'article L. 13 B du LPF, lorsque, au cours d'une vérification de comptabilité, l'administration a réuni des éléments faisant présumer un transfert indirect de bénéfices à l'étranger, elle peut demander, à l'entreprise française, différentes informations sur le prix des transactions commerciales. En cas de réponse insuffisante, elle la met en demeure et peut, si la réponse du contribuable est encore insuffisante, évaluer le montant du transfert de bénéfices à partir des éléments dont elle dispose.

Il faut indiquer que les entreprises peuvent conclure avec l'administration en application de l'article L. 80 B du LPF, un accord préalable sur la méthode de

1. CE, 27 juillet 1988, req. n° 50.020 : *RJF* 10/1988, p. 628.
2. CE, 16 juin 1993, req. n° 70.446, Laboratoire Welcome : *RJF* 7/1993, n° 983.

détermination des prix qui s'appliquera lors des futures transactions au sein du groupe.

> **■ Exemple**
>
> Des produits fabriqués par une société française A sont facturés à la société E établie dans un paradis fiscal au prix de 50 €, montant inférieur au principe de pleine concurrence qui s'élève à 100 €. Ces produits sont à nouveau facturés par la société E au client B pour un montant de 100 €. Les produits sont directement expédiés par la société française A au destinataire final B.
>
> Que doit-on penser d'un tel système de facturation ?
>
> Les dirigeants de la société française ont décidé de situer le bénéfice dans un paradis fiscal plutôt que de le laisser en France. Il s'agit d'un cas de transfert de bénéfices par la minoration du prix de vente.
>
> Une société française A importe du matériel électrique en provenance d'un pays tiers B. La marchandise est livrée directement du pays tiers en France. La facturation est établie par une société E (membre du même groupe financier que la société A et son fournisseur) domiciliée dans un paradis fiscal, qui majore sensiblement le prix de vente facturé initialement par le fournisseur.
>
> Le prix de vente facturé par le fournisseur à la société E est de 100 €, et le prix de vente facturé par E à A s'établit à 150 €.
>
> Que doit-on penser d'un tel système de facturation ?
>
> Les dirigeants du groupe ont décidé de situer le bénéfice dans un paradis fiscal plutôt que de le laisser en France. Il s'agit d'un cas de transfert de bénéfices par la majoration du prix d'achat.

## SECTION II – Les modalités de détermination des produits et des charges

**107-** Le résultat d'une entreprise est égal à la différence entre des produits et des charges.

### 1 – Les produits

**108-** Les produits bruts comprennent les produits d'exploitation qui résultent de l'activité industrielle ou commerciale, les produits d'exploitation accessoires, les produits financiers et les produits exceptionnels.

#### A – Les produits d'exploitation accessoires

**109-** Les produits d'exploitation accessoires sont constitués principalement par les revenus des immeubles loués par l'entreprise.

Les loyers provenant de la location d'immeubles figurant à l'actif immobilisé doivent être compris dans les résultats imposables et rattachés selon la méthode des créances acquises.

Lorsqu'un immeuble figurant à l'actif d'une entreprise individuelle est affecté à l'habitation de l'exploitant, le montant de cet avantage estimé à la valeur locative réelle des locaux doit être rattaché aux résultats imposables.

### B – Les produits financiers

**110-** Les produits financiers comprennent, notamment, les produits du portefeuille-titres, les produits de créances, c'est-à-dire les intérêts, les différences positives de change à cause du principe du nominalisme monétaire.

**111-** Les distributions de bénéfices constituent des produits financiers. Les modalités d'imposition dépendent du régime fiscal de la société dans laquelle l'entreprise a une participation.

Si cette société est soumise à l'impôt sur les sociétés, seules les distributions de dividendes sont imposées.

En revanche, si la société est soumise au régime des sociétés de personnes prévu à l'article 8 du CGI, la distribution de bénéfice n'est pas imposée et doit donc être déduite extra-comptablement. En effet, les associés doivent acquitter l'impôt sur le bénéfice dès la clôture de l'exercice, sans attendre une éventuelle distribution.

### C – Les produits exceptionnels

**112-** Les produits exceptionnels comprennent les subventions, les indemnités, les dégrèvements d'impôt ainsi que les plus-values résultant de la cession d'actif immobilisé.

#### 1 – Les subventions d'équipement

**113-** Les **subventions d'équipement reçues de l'État ou des collectivités publiques** ne sont pas comprises dans les résultats de l'exercice au cours duquel elles sont versées mais sont rapportées au bénéfice imposable de chacun des exercices suivants, à concurrence des amortissements pratiqués et à raison des éléments immobilisés correspondants.

On rattache, ainsi, au résultat comptable la totalité de l'amortissement si la subvention finance la totalité de l'investissement ou une seule quote-part dans le cas contraire.

Si les équipements financés par subventions ne sont pas amortissables, la subvention est rapportée par fractions égales aux résultats des années pendant lesquelles les biens ne peuvent être aliénés. Si aucune clause d'inaliénabilité n'est prévue, la subvention est rapportée aux résultats de l'entreprise par dixièmes sur une période de dix ans.

**■ Exemple**

Une machine acquise 100 000 € HT le 1er juillet 2003 est financée à hauteur de 50 % par une subvention d'équipement et amortie sur un mode dégressif. Sa durée d'utilisation prévue est de cinq ans.

Le taux d'amortissement sera donc de 40 % calculé de la manière suivante :

- Taux d'amortissement linéaire : 20 %
- Coefficient applicable : 2
- Taux : 20 x 2 = 40 %

La première annuité est réduite *prorata temporis* à compter du mois de l'acquisition, soit 6 mois.

| Année | Valeur nette comptable | Amortissements | Réintégration |
|---|---|---|---|
| 2003 | 100 000 | 20 000 | 10 000 |
| 2004 | 80 000 | 32 000 | 16 000 |
| 2005 | 48 000 | 19 200 | 9 600 |
| 2006 | 28 800 | 14 400 | 7 200 |
| 2007 | 14 400 | 14 400 | 7 200 |

En matière d'amortissement dégressif et pour le calcul de la période d'amortissement, l'exercice est décompté pour une année entière même si l'acquisition est réalisée en cours d'année, à la différence de l'amortissement linéaire.

Si l'on prend les mêmes données en amortissant le bien de manière linéaire, cela donne le résultat suivant :

| Année | Valeur nette comptable | Amortissements | Réintégration |
|---|---|---|---|
| 2003 | 100 000 | 10 000 | 10 000 |
| 2004 | 90 000 | 20 000 | 10 000 |
| 2005 | 70 000 | 20 000 | 10 000 |
| 2006 | 50 000 | 20 000 | 10 000 |
| 2007 | 30 000 | 20 000 | 10 000 |
| 2008 | 10 000 | 10 000 | 5 000 |

### 2 – Les indemnités

**114-** Les indemnités perçues par les entreprises en réparation d'un préjudice constituent des produits imposables dès lors qu'elles ont pour objet de compenser des charges ou des pertes déductibles par nature, des pertes de recettes taxables, la perte ou la dépréciation d'éléments d'actif.

**115-** Les indemnités sont en principe imposées comme des produits d'exploitation. Lorsqu'elles sont perçues en contrepartie de la perte d'un élément d'actif immobilisé, elles sont imposées selon le régime des plus-values ou moins-values d'actif.

Le régime des plus-values d'actif est applicable aux indemnités d'expropriation qui sont taxables au titre de l'exercice en cours à la date du jugement qui en fixe le montant. Le régime des plus-values d'actif est également applicable aux indemnités d'assurance ou d'éviction lorsque celles-ci sont versées en contrepartie de la perte d'un élément d'actif comme le droit au bail ou un matériel détruit par un incendie ou un vol.

**116-** Il y a lieu de noter les spécificités des polices d'assurance-décès contractées par les entreprises prévues par l'article 38 *quater* modifié par l'article 96 de la loi de finances rectificative pour 2004.

Pour la détermination du résultat des exercices clos à compter du 31 décembre 2004, lorsqu'un contrat d'assurance sur la vie a été souscrit auprès d'une compagnie d'assurances par une entreprise sur la tête d'un dirigeant ou d'une personne jouant un rôle déterminant dans le fonctionnement de l'exploitation, le profit qui résulte de l'indemnisation du préjudice économique subi par l'entreprise consécutivement au décès peut être réparti par parts égales sur l'année de sa réalisation et sur les quatre années suivantes. Dans ce cas, l'entreprise doit échelonner par parts égales sur les mêmes années, la déduction du montant global des primes qu'elle a acquittées en exécution de ces contrats et qui n'ont pas été précédemment déduites des résultats imposables de l'entreprise.

Les sommes dont l'imposition a été différée en application de ces dispositions sont rapportées au bénéfice imposable de l'exercice de la cession ou de la cessation de l'entreprise.

### 3 – Les remises de dettes

**117-** Si le remboursement d'une dette est fiscalement neutre, la remise de dettes dont profite une entreprise se traduit normalement par un profit imposable pour cette dernière. Il n'en est pas de même lorsque la disparition d'une dette du passif a pour contrepartie l'acquisition de droits par le créancier sur le résultat de l'entreprise.

### 4 – Les plus-values

**118-** La **plus-value ou la moins-value** s'obtient par la différence entre le prix de vente et la valeur nette comptable. Cette dernière correspond au prix d'achat ou à la valeur d'origine, diminué éventuellement des amortissements pratiqués par l'entreprise et admis en déduction du résultat soumis à l'impôt.

**119-** L'imposition des plus-values repose sur une distinction fondamentale entre les plus-values à court terme qui sont soumises à l'impôt au taux de droit commun et les plus-values à long terme qui bénéficient d'un taux réduit.

Cette distinction repose sur un double critère : la durée calculée en jour de détention dans l'entreprise des éléments générateurs des plus ou moins-values et, d'autre part, la nature amortissable de ces éléments.

Constituent des plus-values à court terme, celles qui sont réalisées lors de la cession d'immobilisations acquises ou créées par l'entreprise depuis moins de deux ans et celles qui sont réalisées lors de la cession d'éléments acquis ou crées depuis plus de deux ans dans la mesure où elles correspondent à des amortissements déduits pour l'assiette de l'impôt sur les bénéfices.

**■ Exemple**

Un bien qui est cédé le 31 décembre 2004 pour un prix de 3 000 € avait été acquis le 1er janvier 2001. Le prix d'achat était de 10 000 €.

La valeur nette comptable s'établit à 2 000, différence entre le prix de revient (10 000) et les amortissements pratiqués (8 000).

On considère que la plus-value, différence entre le prix de cession et le prix de revient, d'un montant de 1 000 € est à court terme.

Sont réputées constituer des moins-values à court terme les moins-values résultant de la cession de biens non amortissables détenus depuis moins de deux ans, et de biens amortissables, quelle que soit leur durée.

Relèvent du régime des plus-values à long terme les plus-values réalisées à l'occasion de la cession des participations financières acquises depuis plus de 2 ans ainsi que les produits de la propriété industrielle.

Les modalités d'imposition des plus-values seront examinées dans les chapitres relatifs aux entreprises individuelles, aux sociétés soumises à l'impôt sur les sociétés et aux sociétés de personnes.

## 2 – Les charges

### A – Les frais généraux

**120-** Les frais généraux peuvent être définis comme les dépenses ordinaires de l'entreprise, intégralement déductibles des bénéfices de l'exercice au cours duquel elles ont été engagées. Les éléments constitutifs de la notion de frais généraux sont de deux ordres : négatif et positif.

#### 1 – L'élément négatif de la notion

**121-** Les dépenses qui accroissent la consistance de l'actif immobilisé, sous quelque forme que ce soit, ne peuvent pas être considérées comme des frais généraux. Elles peuvent seulement faire l'objet, le cas échéant, d'un amortissement.

**122- Ne constituent ainsi pas des charges déductibles :**

– Les dépenses qui font entrer un nouvel élément dans l'actif immobilisé.

– Les dépenses qui entraînent une augmentation de la valeur pour laquelle un élément de l'actif immobilisé figure au bilan.

■ **Exemple**

Les dépenses d'installation d'un chauffage central constituent une immobilisation qui doit être inscrite à l'actif.

– Les dépenses qui ont pour conséquence de prolonger d'une manière notable la durée probable d'utilisation d'un élément de l'actif immobilisé.

■ **Exemple**

Les dépenses pour un échange standard de moteur pour une automobile constituent une immobilisation qui doit être inscrite à l'actif.

**123- Constituent, par contre, des charges déductibles** les dépenses qui ont seulement pour objet de maintenir un élément de l'actif en état tel que son utilisation puisse être poursuivie jusqu'à la fin de la période qui sert de base au calcul des annuités d'amortissement.

**124-** Il convient d'ajouter que la nature matérielle, le montant des dépenses ainsi que les modalités de versement du prix ne constituent pas des indices pour qualifier une opération d'immobilisation ou de frais.

### 2 – Les éléments positifs de la notion

**125-** Les frais généraux sont constitués par des **dépenses courantes** générées par le fonctionnement normal de l'entreprise et présentant le caractère de charges annuelles, par opposition aux frais de premier établissement. Ceux-ci sont des dépenses exceptionnelles, nécessitées par l'acquisition, l'installation ou l'extension d'un fonds de commerce ou d'industrie. N'entraînant aucune augmentation de l'actif, ils sont déductibles des bénéfices.

■ **Exemple**

Les frais d'actes notariés afférents à l'acquisition d'un immeuble sont déductibles du résultat fiscal.

**126-** Les frais généraux doivent se rattacher à la gestion de l'entreprise, **être exposés dans l'intérêt de l'exploitation** :

– dépenses de personnel sous réserve du contrôle des rémunérations sur le point de savoir si elles correspondent à un travail effectif et ne sont pas excessives ;

– loyer pour les locaux, le mobilier, le matériel ;

– charges financières ;

– charges fiscales et parafiscales : taxe professionnelle, foncière à l'exception des sanctions fiscales...

– charges diverses : téléphone...

**127- Les frais généraux doivent être justifiés**. Ils doivent être appuyés de pièces justificatives comme une facture.

Par ailleurs, les entreprises exerçant une activité industrielle ou commerciale sont tenues de fournir à l'appui de la déclaration des résultats de chaque exercice un relevé détaillé de certains frais généraux et de produire la déclaration annuelle des commissions, courtages et honoraires.

Selon l'article 1736 issu de l'ordonnance du 7 décembre 2005, le fait de ne pas se conformer à cette obligation déclarative entraine l'application d'une amende égale à 50% des sommes non déclarées. L'amende n'est pas applicable, en cas de première infraction commise au cours de l'année civile en cours et des trois précédentes, lorsque les entreprises ont réparé leur omission, soit spontanément, soit à la première demande de l'administration, avant la fin de l'année au cours de laquelle la déclaration devait être souscrite.

## B – Les provisions

### 1 – La définition

**128-** Une provision est une déduction opérée sur les résultats d'un exercice dans trois hypothèses :

– en vue de couvrir la **dépréciation** d'éléments d'**actifs non amortissables** ;

– en vue de faire face ultérieurement à des **risques** ou **charges** non encore effectifs à la clôture de l'exercice mais que des événements survenus rendent probables ;

– en vertu de textes particuliers pour les **provisions réglementées**.

**129-** La provision se distingue de la perte qui est une charge certaine dont la déduction est définitive. La provision correspond à une charge probable dont la déduction est, de ce fait, provisoire.

**130-** La provision se distingue de l'amortissement qui correspond à une dépréciation continue et de caractère définitif, alors que la provision correspond à une dépréciation occasionnelle et non irréversible.

**131-** La provision se distingue de la charge à payer qui correspond à une dette certaine dans son principe et déterminée dans son montant, mais non encore susceptible d'être réclamée par le créancier.

> ■ **Exemple**
> Les intérêts et loyers courus mais non encore échus sont des charges à payer et ne peuvent faire l'objet de provision.

### 2 - Les conditions de déductibilité des provisions

**132-** Des intérêts contradictoires opposent le droit comptable et le droit fiscal. Le principe comptable de prudence doit conduire le chef d'entreprise à provisionner une charge dès qu'un doute sur le recouvrement d'une créance existe. En effet, la prudence est définie comme l'appréciation raisonnable des faits afin d'éviter le risque de transfert, sur l'avenir, d'incertitudes présentes susceptibles de grever le patrimoine et les résultats de l'entreprise.

En revanche, le droit fiscal ne souhaite pas voir disparaître le bénéfice imposable, sous prétexte qu'une simple prudence pourrait justifier une provision.

Cela explique pourquoi, il y a des conditions communes au droit comptable et au droit fiscal et d'autres purement fiscales énoncées à l'article 39-1-5 du CGI.

#### *a - Les conditions communes au droit fiscal et au droit comptable*

**133-** La perte ou la charge couverte par la provision doit résulter **d'événements en cours à la clôture de l'exercice**.

Le bilan d'une entreprise clos le 31 décembre est une photographie de l'actif et du passif de cette entreprise à cette date. Il ne peut être question de modifier cette image par la connaissance d'événements qui sont intervenus après la date de clôture.

Ainsi, en est-il de la mise en redressement judiciaire d'un client intervenue le 15 mars après la date de clôture de l'exercice mais avant la date de dépôt des déclarations de résultat au centre des impôts.

**134- La perte doit être probable et non éventuelle.** La probabilité est la conséquence d'une circonstance particulière, l'éventualité résulte d'un risque général. Le Conseil d'État n'admet pas la déduction de provisions pour les créances douteuses constituées pour faire face aux difficultés de paiement qui peuvent affecter certains clients en raison de la crise économique.

**135-** Il est admis que l'entreprise calcule forfaitairement le montant de la perte ou la charge qu'elle prévoit de subir.

Néanmoins, l'entreprise ne peut pas se satisfaire d'une évaluation arbitraire de ce montant qui ne soit pas étayée par des éléments statistiques.

Ainsi, en ce qui concerne les provisions qu'une entreprise peut passer pour des clients douteux, il est admis que l'entreprise puisse se fonder sur le taux moyen de ses impayés antérieurs pour constater une provision à la clôture d'un exercice.

Cette méthode doit rester une exception à la règle, selon laquelle les provisions doivent être constituées à partir d'éléments réels.

#### *b – Les conditions propres au droit fiscal*

**136- La perte ou la charge provisionnée doit elle-même être déductible.** La provision doit être destinée à faire face, soit à une perte ou à la déprécation d'un élément d'actif, soit à une charge qui, si elle était intervenue au cours de l'exercice, aurait été normalement déductible des bénéfices imposables de cet exercice.

Une provision n'est donc pas déductible si les dépenses auxquelles elle est destinée à faire face ont pour contrepartie un accroissement de l'actif ou n'incombent pas à l'entreprise.

Même si la charge n'est pas fiscalement déductible, elle doit être comptabilisée et faire l'objet d'une provision sur le plan comptable en application du principe de prudence.

> **■ Exemple**
> L'entreprise doit comptabiliser une provision pour impôt ou pénalité à payer alors même que cet impôt ou cette pénalité n'est pas fiscalement déductible.

**137- La provision doit être comptabilisée.** Une provision omise ne peut être déduite rétroactivement. L'absence de constitution d'une provision ne fait encourir aucun risque fiscal à l'entreprise à laquelle ne peut se substituer le fisc. Seulement, est-elle en infraction avec le droit comptable et pourrait-on lui reprocher de ne pas présenter un bilan sincère voire d'établir un faux bilan présentant un actif dont la valeur réelle est inférieure à celle qui résulte de la lecture du bilan.

En l'absence de comptabilisation, l'entreprise pourra constituer la provision à la clôture de l'exercice suivant ou passer directement la perte si elle est déjà intervenue.

**138- Les provisions doivent être inscrites sur un relevé spécial.** Il s'agit du tableau 2056 N de la liasse fiscale si l'entreprise est soumise au régime réel normal d'imposition ou, du tableau 2033 D si l'entreprise est soumise au régime réel simplifié.

cerfa N° 10949 * 06
Formulaire obligatoire (article 53 A du Code général des impôts)

(7) PROVISIONS INSCRITES AU BILAN

D.G.I. N° 2056 (2004) [4]

Désignation de l'entreprise ______

| | Nature des provisions | Montant au début de l'exercice 1 | AUGMENTATIONS : Dotations de l'exercice 2 | DIMINUTIONS : Reprises de l'exercice 3 | Montant à la fin de l'exercice 4 |
|---|---|---|---|---|---|
| Provisions réglementées | Provisions pour reconstitution des gisements miniers et pétroliers | 3T | TA | TB | TC |
| | Provisions pour investissement (art. 237 bis A-II) | 3U | TD | TE | TF |
| | Provisions pour hausse des prix (1) | 3V | TG | TH | TI |
| | Amortissements dérogatoires | 3X | TM | TN | TO |
| | Dont majorations exceptionnelles de 30 % | D3 | D4 | D5 | D6 |
| | Provisions fiscales pour implantations à l'étranger constituées avant le 1.1.1992 * | IA | IB | IC | ID |
| | Provisions fiscales pour implantations à l'étranger constituées après le 1.1.1992 * | IE | IF | IG | IH |
| | Provisions pour prêts d'installation (art. 39 quinquies H du CGI) | IJ | IK | IL | IM |
| | Autres provisions réglementées (1) | 3Y | TP | TQ | TR |
| | **TOTAL I** | 3Z | TS | TT | TU |
| Provisions pour risques et charges | Provisions pour litiges | 4A | 4B | 4C | 4D |
| | Provisions pour garanties données aux clients | 4E | 4F | 4G | 4H |
| | Provisions pour pertes sur marchés à terme | 4J | 4K | 4L | 4M |
| | Provisions pour amendes et pénalités | 4N | 4P | 4R | 4S |
| | Provisions pour pertes de change | 4T | 4U | 4V | 4W |
| | Provisions pour pensions et obligations similaires | 4X | 4Y | 4Z | 5A |
| | Provisions pour impôts (1) | 5B | 5C | 5D | 5E |
| | Provisions pour renouvellement des immobilisations * | 5F | 5H | 5J | 5K |
| | Provisions pour grosses réparations | 5L | 5M | 5N | 5P |
| | Provisions pour charges sociales et fiscales sur congés à payer * | 5R | 5S | 5T | 5U |
| | Autres provisions pour risques et charges (1) | 5V | 5W | 5X | 5Y |
| | **TOTAL II** | 5Z | TV | TW | TX |
| Provisions pour dépréciation | sur immobilisations – incorporelles | 6A | 6B | 6C | 6D |
| | sur immobilisations – corporelles | 6E | 6F | 6G | 6H |
| | sur immobilisations – titres mis en équivalence | 02 | 03 | 04 | 05 |
| | sur immobilisations – titres de participation | 9U | 9V | 9W | 9X |
| | sur immobilisations – autres immobilisations financières (1)* | 06 | 07 | 08 | 09 |
| | Sur stocks et en cours | 6N | 6P | 6R | 6S |
| | Sur comptes clients | 6T | 6U | 6V | 6W |
| | Autres provisions pour dépréciation (1)* | 6X | 6Y | 6Z | 7A |
| | **TOTAL III** | 7B | TY | TZ | UA |
| | **TOTAL GÉNÉRAL (I + II + III)** | 7C | UB | UC | UD |
| | Dont dotations et reprises – d'exploitation | | UE | UF | |
| | Dont dotations et reprises – financières | | UG | UH | |
| | Dont dotations et reprises – exceptionnelles | | UJ | UK | |

Titres mis en équivalence : montant de la dépréciation à la clôture de l'exercice calculé selon les règles prévues à l'article 39-1-5e du C.G.I. | 10

(1) à détailler sur feuillet séparé selon l'année de constitution de la provision ou selon l'objet de la provision.

NOTA : Les charges à payer ne doivent pas être mentionnées sur ce tableau mais être ventilées sur l'état détaillé des charges à payer dont la production est prévue par l'article 38 II de l'annexe III au CGI.

* Des explications concernant cette rubrique sont données dans la notice n° 2032



**Document B**

À défaut de la production de cet imprimé ou à raison de la production incomplète ou inexacte, l'entreprise encourt, en application de l'article 1763 du CGI issu de l'ordonnance n°2005-1512 du 7 décembre 2005, une amende égale à 5 % des sommes omises. Cette amende s'applique au seul exercice au cours duquel est réalisée cette omission. De plus, le taux de l'amende est ramené à 1 % lorsque les sommes corespondantes sont réellement déductibles.

### 3 – Le sort des provisions

**139-** En permettant l'anticipation d'une charge ou d'une perte, la provision peut octroyer un avantage de trésorerie à l'entreprise. Lorsque cette perte ou cette charge se réalise, l'entreprise ne peut pas se contenter de l'enregistrer sans procéder à une écriture rectificative.

**140-** Cette écriture rectificative consiste à constater un produit du fait de la reprise de la provision par le crédit du compte 78 « Reprise sur amortissements et provisions ». Cette écriture peut être du même montant que la charge ou la perte si la provision a été calculée de façon exacte ou être d'un montant supérieur ou inférieur selon les cas.

**■ Exemple**

L'entreprise Martin avait comptabilisé une provision pour risque d'un montant de 100 000 € au titre de l'exercice 2003.

Elle apprend au cours de l'année 2004 que la perte est bien réelle et est même d'un montant supérieur à celui de la provision. Elle doit reprendre la provision et passer les écritures comptables suivantes :

| | | |
|---|---|---|
| 6815 dotations aux provisions pour risques | 150 000 | |
| 428 autres charges à payer | | 150 000 |
| 151 provisions pour risques | 100 000 | |
| 7815 reprises sur provisions | | 100 000 |

**141-** En revanche, lorsque la perte ou la charge ne se réalise pas, la provision devient sans objet. La provision doit être rapportée aux résultats de l'exercice au cours duquel elle devient sans objet.

**■ Exemple**

L'entreprise Martin avait comptabilisé une provision pour risque d'un montant de 100 000 € au titre de l'exercice 2003.

Elle apprend au cours de l'année 2004 que le risque n'existe plus. Elle doit reprendre la provision et passer l'écriture comptable suivante :

| | | |
|---|---|---|
| 151 provisions pour risques | 100 000 | |
| 7815 reprises sur provisions | | 100 000 |

**142-** Le droit de rectification de l'administration sur cette provision pouvait s'exercer indépendamment des règles de la prescription dès lors qu'elle figurait toujours au bilan.

À la suite de l'arrêt de la section du contentieux du Conseil d'État du 7 juillet 2004, le législateur a adopté l'article 38-4 *bis* du CGI, applicable à compter du 1^er^ janvier 2005, qui précise les nouvelles règles :

« *Pour l'application des dispositions du 2, pour le calcul de la différence entre les valeurs de l'actif net à la clôture et à l'ouverture de l'exercice, l'actif net d'ouverture du premier exercice non prescrit déterminé, sauf dispositions particulières, conformément aux premier et deuxième alinéas de l'article L. 169 du livre des procédures fiscales ne peut être corrigé des omissions ou erreurs entraînant une sous-estimation ou surestimation de celui-ci.*

*Les dispositions du premier alinéa ne s'appliquent pas lorsque l'entreprise apporte la preuve que ces omissions ou erreurs sont intervenues plus de sept ans avant l'ouverture du premier exercice non prescrit.*

*Elles ne sont pas non plus applicables aux omissions ou erreurs qui résultent de dotations aux amortissements excessives au regard des usages mentionnés au 2° du 1 de l'article 39 déduites sur des exercices prescrits ou de la déduction au cours d'exercices prescrits de charges qui auraient dû venir en augmentation de l'actif immobilisé.*

*Les corrections des omissions ou erreurs mentionnées aux deuxième et troisième alinéas restent sans influence sur le résultat imposable lorsqu'elles affectent l'actif du bilan. Toutefois, elles ne sont prises en compte ni pour le calcul des amortissements ou des provisions, ni pour la détermination du résultat de cession.* »

### 4 – Les principales provisions

#### *a – Les provisions pour dépréciation*

**143-** Si la règle dite de prudence interdit que l'on comptabilise les plus-values simplement latentes, la règle de sincérité du bilan suppose que soit comptabilisée immédiatement la dépréciation subie par certains éléments de l'actif.

**144- Les provisions pour dépréciation d'immobilisations :** les immobilisations non amortissables dont la valeur connaît un amoindrissement résultant de causes dont les effets ne sont pas irréversibles, peuvent donner lieu à la constitution d'une provision. C'est le cas pour les terrains, les fonds de commerce, les œuvres d'art, les titres. La dépréciation des immobilisations amortissables est constatée par l'amortissement.

**■ Exemple**

Une société a acquis un terrain d'une valeur de 100 pour construire sa nouvelle usine. Un an plus tard, le terrain devient non constructible. Elle doit constituer une provision pour établir la nouvelle valorisation de cet actif.

Elle considère que le terrain a perdu 90 % de sa valeur.

| | | |
|---|---|---|
| 6816 dotations aux provisions | 90 | |
| 2911 déprécations des terrains | | 90 |

Cette écriture a pour effet de ramener le prix de revient du terrain à sa nouvelle valeur. Cette charge qui est déductible sur les plans comptable et fiscal, diminue son résultat imposable.

**145- Les provisions pour dépréciation des stocks et en cours :** « *Si le cours du jour du stock à la date de l'inventaire est inférieur au coût de revient, l'entreprise doit constituer, à due concurrence, des provisions pour dépréciation.* »

La dépréciation susceptible d'être constatée par voie de provision est égale à la différence entre le coût de revient et le cours du jour à la date de l'inventaire.

Elle doit être évaluée avec une approximation suffisante, ce qui n'exclut pas que la provision soit calculée selon un mode forfaitaire justifié. L'administration adopte une position assez restrictive sur ce point.

**■ Exemple**

La société Nouvelle Informatique a une activité d'achat-revente de composants informatiques. Elle a en stock des processeurs qui ne sont plus commercialisables sur les nouveaux ordinateurs. Ces composants d'un coût historique de 1 000 € sont en stock depuis plus de deux ans.

Elle peut comptabiliser une provision pour dépréciation des stocks à hauteur de 100 % (pourcentage établi à partir de données propres à l'entreprise).

| | | |
|---|---|---|
| 68173 dotations pour dépréciation du stock | 1 000 | |
| 397 provisions pour dépréciation du stock | | 1 000 |

**146- Les provisions pour créances douteuses ou litigieuses :** ce sont des provisions que l'on rencontre très fréquemment et qui sont souvent à l'origine de contentieux entre l'administration et les contribuables vérifiés. En effet, le bénéfice des entreprises est calculé à partir des créances et non des encaissements. Cela explique les craintes des entreprises de ne pas être payées et la comptabilisation de provisions en cas de créances douteuses ou litigieuses.

**■ Exemple**

La société Dubois a une créance d'un montant Toutes taxes comprises de 120 €. Son client vient de faire l'objet d'un jugement de redressement judiciaire. Elle estime que la probabilité de perte est de 50 %. La provision est toujours calculée sur un montant hors taxe.

| | | |
|---|---|---|
| 68174 dotations pour dépréciation des créances 50 | | |
| 418 clients douteux | | 50 |

Elle comptabilise cette provision pour un montant de 50 €. Si un jugement de liquidation judiciaire et une clôture pour insuffisance d'actif surviennent par la suite, elle constatera une perte totale.

**■ Vocabulaire**

▪ **Créance incertaine** : ne doit normalement pas figurer en comptabilité qui n'enregistre que les créances certaines dans leur principe et déterminées dans leur montant.

▪ **Créance litigieuse** : l'entreprise est en désaccord avec un client. La provision peut être maintenue tant que le litige n'est pas clos.

▪ **Créance irrécouvrable** : elle doit directement être passée en perte.

▪ **Par créance douteuse,** il faut entendre créance certaine mais dont l'entreprise a de bonnes raisons de penser que le recouvrement est compromis.

L'entreprise doit justifier de l'existence d'un risque en cours à la clôture de l'exercice rendant probable la perte envisagée. Les conditions générales de déductibilité des provisions déjà examinées s'appliquent au cas particulier. L'administration exige que le risque sur lequel se fonde une entreprise soit individualisé client par client, étant précisé que la tendance est à l'assouplissement de cette règle et à l'admission d'une certaine forfaitisation du calcul des provisions comme, par exemple, pour les entreprises de ventes par correspondance.

#### *b – Les provisions pour risques et charges*

**147-** Outre les conditions générales déjà exposées, la déduction des provisions pour charges est subordonnée à la comptabilisation des produits correspondants au titre du même exercice. Les provisions pour pertes ne peuvent, quant à elles, être déduites que si la perspective de la perte est établie par comparaison, pour une opération ou un ensemble d'opérations homogènes, entre les coûts à supporter et les recettes escomptées.

**■ Exemple**

Ces provisions peuvent être de natures très diverses :
- provision pour procès et litiges,
- provision pour charges de personnel,
- provision pour impôts à payer, etc.

**148-** La déduction des **dépenses de personnel** restant à régler à la clôture d'un exercice est opérée, soit sous la forme de provision si tous les éléments nécessaires à leur calcul ne sont pas encore connus, soit sous la forme de charges à payer si leur montant est exactement déterminé.

De la même façon, les entreprises peuvent constituer des provisions à raison des **licenciements** engagés avant la clôture de l'exercice et pour les indemnités à payer.

Les provisions pour **pensions de retraite complémentaires** ne sont pas fiscalement déductibles : ces pensions ne constituent des charges déductibles qu'à partir du moment où le départ en retraite des salariés entraîne leur exigibilité.

**149-** La déduction des **provisions pour impôt** est subordonnée à la déductibilité de cet impôt qui doit se rattacher à des opérations déjà effectuées par l'entreprise à la clôture de l'exercice.

**150-** Enfin, les **provisions pour travaux de construction, de reconstruction ou d'agrandissement** ne sont pas déductibles dès lors que les dépenses correspondantes se traduisent par l'entrée d'un nouvel élément dans l'actif de l'entreprise.

#### *c – Les provisions réglementées*

**151-** Il s'agit de provisions qui peuvent être constituées en vertu de textes particuliers. Ces provisions fiscales constituent en réalité des aides fiscales provisoires ou remboursables. Elles sont soumises aux mêmes conditions de formalisme que les autres provisions : elles doivent être comptabilisées et figurées sur le relevé des provisions.

Elles permettent aux entreprises de diminuer temporairement leurs bénéfices et d'améliorer leur situation de trésorerie en gagnant le prix du temps.

**152- Provision pour implantation d'entreprises à l'étranger :** un régime particulier s'appliquait aux entreprises françaises soumises à l'impôt sur les sociétés qui réalisent des investissements à l'étranger. Une déduction fiscale provisoire sous forme de provision est autorisée à ce titre. Elle ne peut, néanmoins, se cumuler avec une provision pour dépréciation des titres de la filiale en cas d'investissement par le biais d'une filiale étrangère.

Les implantations pouvant donner lieu à provision doivent être de nature commerciale, industrielle ou de services.

La réintégration de cette provision doit intervenir selon les cas dans un délai de cinq ou dix ans par cinquième ou dixième.

Ce régime de la provision pour implantation d'entreprises à l'étranger qui a été qualifié par la Commission européenne d'aide d'État incompatible avec les règles communautaires, a cessé de s'appliquer pour les investissements réalisés après le 31 décembre 2003.

**153- Provision pour hausse des prix :** les entreprises sont autorisées à constituer des provisions pour dépréciation de leur stock. Elles sont, aussi, autorisées à constituer des provisions pour hausse des prix d'un produit fini ou semi-fini ou d'une matière première qu'elles ont en stock. En effet, l'enrichissement que peut retirer l'entreprise d'une hausse de la valeur d'un stock acquis avant la hausse peut être annihilé par le surcoût du réapprovisionnement.

Une provision peut être constituée si la valeur unitaire du produit concerné par la hausse a augmenté de plus de 10 % depuis la clôture du dernier exercice ou de l'avant dernier exercice en prenant comme référence la plus faible de ces deux valeurs. La provision ne peut couvrir que la fraction d'augmentation du prix qui excède 10 %.

Si la provision est calculée par rapport à la valeur du produit ou de la matière première, il faudra imputer sur son montant, celui de la provision éventuellement déjà constituée sur le dernier exercice.

**■ Exemple**

À la clôture de l'exercice de 2001, la valeur d'un produit détenu en stock s'établit à 140.

À la clôture de l'exercice de 2002, la valeur du produit est alors de 160.

■ La provision constituable est déterminée de la manière suivante :

[160 – (140 x 1,10)] = 6

soit 1 000 unités en stock = 6 000 €

À la clôture de l'exercice de 2003, la valeur du produit est de 200.

■ La provision constituable est déterminée de la manière suivante :

[200 – (140 x 1,10)] = 46

soit 1 200 unités en stock = 55 200 €

La provision déductible au titre de l'exercice de 2003 s'établit à 49 200 € (différence entre la provision constituable au titre de l'exercice 2003, 55 200, et la provision déjà constituée au titre de l'exercice 2002 et déduite, 6 000).

Si la valeur du produit ou de la matière première diminue, la provision constituée n'est pas remise en cause pour autant.

La reprise de la provision pour hausse des prix intervient de plein droit à l'expiration de la sixième année suivant celle de sa constitution.

**154- Provision pour fluctuation des cours :** elle se substitue à la précédente provision lorsqu'il s'agit de matières premières acquises sur les marchés internationaux ou dont les prix sont liés à leur variation.

## C – Les amortissements

**155-** L'amortissement est la constatation de la dépréciation définitive que subissent avec l'usure, le temps, les éléments corporels et, parfois, incorporels de l'actif immobilisé de l'entreprise. L'amortissement permet à l'entreprise de reconstituer, à l'expiration de la durée normale d'utilisation du bien, un capital égal en valeur nominale à son prix de revient d'origine[1].

**156-** Pour être amortissables, les biens de l'entreprise doivent donc constituer des **immobilisations,** et non des stocks ou des frais généraux.

Ils doivent **se déprécier avec le temps.** Les terrains dont on considère qu'ils ne se dévaluent pas, ne peuvent faire l'objet d'amortissement. Les annuités d'amortissement des immeubles doivent comporter une réfaction représentative du prix du terrain dans la valeur de la construction.

Les biens doivent être la **propriété de l'entreprise** et être **inscrits au bilan.** Un bien pris en crédit-bail n'est pas amortissable, seules les redevances sont déductibles.

**157-** L'amortissement se calcule sur une valeur qui comprend le prix d'achat augmenté des frais accessoires comme les frais de transport, les droits de douane, ou les frais d'installation. Cette valeur est une valeur Hors Taxe ou Toutes Taxes Comprises si l'acquisition n'a pas ouvert droit à déduction de la TVA.

**158-** Il existe plusieurs techniques d'amortissement, une technique que l'on peut définir comme étant celle de droit commun proposée par le droit comptable, **l'amortissement linéaire,** et une technique prévue à titre dérogatoire par le droit fiscal, **l'amortissement dégressif**.

**159- L'amortissement linéaire** a pour point de départ la **date de mise en service** si elle est postérieure à celle de l'**acquisition**. Si l'acquisition ou la mise en service du bien a lieu en cours d'exercice, la première annuité est réduite *prorata temporis* et, ce, en nombre de jours.

Le taux d'amortissement linéaire est fonction de la durée normale d'utilisation du bien déterminée d'après les usages. Si la durée est de cinq ans, le taux sera de 100/5 = 20 %.

Les taux les plus courants sont les suivants :

– Bâtiments industriels : 5 %

– Bâtiments commerciaux : 2 à 5 %

– Immeubles d'habitation : 2 %

– Matériel, outillage : 10 à 20 %

– Automobile : 20 à 25 %

---

1. V. sur la nouvelle approche des amortissements par le droit comptable : Instruction du 30 décembre 2005 : Dr. fisc. 2006, n° 4, cahier des instructions fiscales, comm. 13449.

– Mobilier : 10 %

– Matériel de bureau : 10 à 20 %

– Agencements, installations : 5 à 10 %

Ces durées sont indicatives et peuvent être modifiées par l'entreprise au regard de circonstances particulières. Les durées choisies par l'entreprise en raison de ces circonstances ne seront pas remises en cause si elles ne s'écartent pas des durées normales de plus de 20 %.

**■ Exemple**

Une entreprise achète le 10 avril 2002 une machine neuve 209 812 € hors taxe qui sera mise en service le 15 mai 2002. La durée normale d'utilisation de la machine est de cinq ans.

L'entreprise choisit le mode linéaire d'amortissement.

La première annuité est réduite *prorata temporis* en jours à compter de la mise en service, soit 230/365.

| Exercice | Base | Taux | Annuité | |
|---|---|---|---|---|
| ▪ 2002 | 209 812 | 20 % | 26 442,00 | (*) |
| ▪ 2003 | 209 812 | 20 % | 41 962,40 | |
| ▪ 2004 | 209 812 | 20 % | 41 962,40 | |
| ▪ 2005 | 209 812 | 20 % | 41 962,40 | |
| ▪ 2006 | 209 812 | 20 % | 41 962,40 | |
| ▪ 2007 | 209 812 | 20 % | 15 520,40 | (**) |

(*) 209 812 x 20 % x 230/365 = 26 442

(**) 209 812 x 20 % x 135/365 = 15 520,40

**160-** L'amortissement dégressif prévu à l'article 39 A du CGI permet à l'entreprise de constater des premières annuités plus fortes l'incitant normalement à un renouvellement plus rapide de ses investissements. Cette technique qui n'est ouverte à l'entreprise que pour certains biens limitativement énumérés, n'est qu'une faculté à laquelle l'entreprise peut renoncer pour rester sous le régime de l'amortissement linéaire.

Pour être amortis selon le mode dégressif, les biens doivent avoir été acquis neufs par l'entreprise et avoir une durée minimale d'utilisation de trois ans.

La liste des biens pouvant être amortis selon le mode dégressif figure à l'article 22 de l'annexe II au CGI.

Il s'agit, notamment, des matériels industriels de fabrication et de transformation, des matériels de manutention, des matériels affectés à la recherche, des matériels de bureau, des bâtiments industriels dont la durée d'utilisation normale est inférieure à quinze ans, des immeubles et matériels des entreprises hôtelières, des véhicules routiers sauf les utilitaires légers et les véhicules de tourisme.

Les annuités d'amortissement selon le mode dégressif se calculent de la manière suivante.

La première annuité est déterminée en appliquant le taux approprié à la valeur d'origine du bien et est réduite *prorata temporis* en fonction de la date d'acquisition. La date de la mise en service ne peut être retenue pour l'amortissement dégressif. La réduction est, cette fois, calculée en nombre de mois.

Les autres annuités s'obtiennent en appliquant le taux déjà utilisé à la valeur résiduelle comptable du bien. Lorsque l'annuité dégressive ainsi calculée devient inférieure au montant obtenu en divisant la valeur résiduelle du bien par le nombre d'années d'utilisation restant à courir, l'entreprise peut appliquer des annuités d'amortissement égales à ce montant.

Le taux de l'amortissement dégressif se caractérise par l'application d'un taux constant, d'abord, à la valeur d'origine du bien, puis, à partir du deuxième exercice, à la valeur résiduelle comptable de ce bien.

Ce taux constant s'obtient en multipliant le taux de l'amortissement linéaire normalement applicable au bien par un coefficient fonction de la durée normale d'utilisation du bien :

– 1,5 si la durée normale d'utilisation est de 3 ou 4 ans.

– 2 si la durée normale d'utilisation est de 5 ou 6 ans.

– 2,5 si la durée normale d'utilisation est supérieure à 6 ans.

Ainsi, si la durée normale d'utilisation d'un bien est de 4 ans, le taux de l'amortissement linéaire s'établit à 25 %.

Le coefficient applicable étant de 1,5 %, le taux d'amortissement dégressif s'établit à 37,5 % (25 % x 1,5).

**■ Exemple**

Une entreprise achète le 10 avril 2002 une machine neuve au prix de 209 812 € hors taxe, mise en service le 15 mai 2002. La durée normale d'utilisation de la machine est de cinq ans.

L'entreprise choisit l'amortissement dégressif.

La durée normale d'utilisation du bien est de 5 ans. Le taux est donc le taux d'amortissement linéaire 20 % multiplié par un coefficient s'établissant au cas présent à 2, soit 20 % x 2 = 40 %.

La première annuité sera réduite aux 9/12$^{e}$. Le *prorata temporis* est calculé en mois à partir de la date d'achat.

| Exercice | Base | Taux | Annuité | VNC |
|---|---|---|---|---|
| ▪ 2002 | 209 812 | 40 % | 62 944 | 148 868 |
| ▪ 2003 | 146 868 | 40 % | 58 747 | 88 121 |
| ▪ 2004 | 88 121 | 40 % | 35 248 | 52 873 |
| ▪ 2005 | 52 873 | 40 % | 26 437 | 26 436 |
| ▪ 2006 | 26 436 | | 26 436 | 0 |

### 1 – Les conditions de déductibilité

**161-** Les conditions sont prévues à l'article 39-1-2° du CGI.

#### *a – Les conditions de fond*

**162-** L'amortissement ne doit pas avoir été exclu. Ainsi, en est-il des amortissements qui concernent des yachts ou des résidences de plaisance, solution prévue à l'article 39-4 du CGI.

L'amortissement peut être simplement restreint en application de dispositions dérogatoires figurant dans le CGI. L'amortissement des véhicules de tourisme n'est déductible que pour l'annuité calculée sur une base de 18 300 €.

La restriction ne joue pas toutefois pour les entreprises qui ont pour objet l'exploitation de tels biens comme, par exemple, les chauffeurs de taxis ou les entreprises de location.

**■ Exemple**

La société Moupol a acquis le premier jour de son exercice comptable un véhicule de tourisme à un prix de 30 000 € TTC.

Elle amortit ce véhicule sur une durée de 5 ans.

Tous les ans, elle devra constater comptablement la dépréciation suivante :

| | | |
|---|---|---|
| 68112 dotations aux amortissements | 6 000 | |
| 2818 amortissements des immobilisations corporelles | | 6 000 |

De manière extra-comptable, elle devra réintégrer la partie excédent la limite fixée par le législateur.

(30 000 – 18 300) x 25 % = 2 340 €

Fiscalement, l'amortissement n'est déductible qu'à hauteur de 3 660 € (limite fixée par le législateur multipliée par le taux d'amortissement de 20 %).

**163-** Le droit à l'amortissement des biens donnés en location est admis en application de l'article 39 C du CGI.

Il peut être restreint si la location est consentie à un dirigeant dans une société ou à un salarié dans une société ou une entreprise individuelle. Dans ce cas, l'annuité ne doit pas être supérieure à la différence entre le montant du loyer augmenté des avantages en nature déclarés et les autres charges afférentes à ce bien, selon l'article 32 de l'annexe II au CGI.

Le calcul doit être opéré pour chaque bien donné en location et, non pas, globalement pour tous les biens qui ont été loués.

### *b – Les conditions de forme*

**164-** L'amortissement doit avoir été comptabilisé. Tout amortissement non comptabilisé est en principe perdu.

Cette obligation est sanctionnée sévèrement en droit fiscal. Dès lors, une entreprise qui inscrit en frais généraux une immobilisation ne pourra pas en principe déduire les amortissements qu'elle aurait dû pratiquer si l'administration, à la suite du contrôle, estime que le bien constitue une immobilisation.

## 2 – Le régime des amortissements différés

### *a – Les amortissements irrégulièrement différés*

**165-** La somme des amortissements pratiqués depuis l'acquisition ou la création d'un élément d'actif ne peut être inférieure au montant des amortissements calculés suivant le système linéaire à la clôture de chaque exercice.

Les entreprises ne sont pas obligées de pratiquer à chaque exercice un amortissement supérieur à celui qui aurait résulté de l'application de l'amortissement linéaire. La situation de chaque élément est appréciée en faisant la masse globale des amortissements comptabilisés à une date déterminée qui doivent au moins être égaux à la somme théorique des annuités linéaires.

**166-** Si l'entreprise ne respecte pas cette obligation, elle perd le droit de déduire la fraction de l'amortissement irrégulièrement différé, en application de l'article 39 B du CGI.

Cette règle peut sembler curieuse car l'absence de comptabilisation apparaît plus comme une faute comptable ou pénale que fiscale. L'entreprise qui omet de comptabiliser des amortissements ne peut, en apparence, être suspectée de vouloir payer moins d'impôt. Cette absence apparaît plus comme une faute comptable pour manquement aux usages ou une faute pénale pour présentation de faux bilan. L'entreprise qui connaît de mauvais résultats peut avoir intérêt à ne pas creuser un déficit par la constatation de l'amortissement. Ce faisant, elle valorise faussement son actif net.

En réalité, la tentation fiscale existe, qui peut être grande, de différer des amortissements en période déficitaire pour les conserver et les imputer sur les exercices où l'entreprise sera revenue à meilleure fortune. C'est pour cela que le droit fiscal l'oblige à constater un amortissement minimum correspondant à l'amortissement linéaire.

### *b – Les amortissements régulièrement différés*

**167-** À partir du moment où l'entreprise a antérieurement pratiqué un amortissement au moins égal au montant cumulé des amortissements linéaires, l'entreprise peut régulièrement ne pas pratiquer d'amortissement une année donnée. En pratique, cela correspond à l'hypothèse d'un élément d'actif amorti selon le mode dégressif qui, en quelque sorte, permet de prendre de l'avance par rapport au mode linéaire.

Bien que leur report soit possible en période bénéficiaire, c'est en pratique, en présence d'exercices déficitaires, que l'entreprise peut avoir intérêt à économiser ses amortissements et donc à les différer.

**168-** Si ces conditions de l'amortissement minimal cumulé sont remplies, l'entreprise peut indéfiniment conserver en réserve ses amortissements, jusqu'à ce que ses résultats redeviennent comptablement bénéficiaires.

Ils devront obligatoirement être imputés dès le premier exercice bénéficiaire.

## SECTION III – Les régimes d'imposition

**169-** Les obligations déclaratives des entreprises sont fonction du montant du chiffre d'affaires. Les obligations comptables sont déterminées par le code de commerce, l'article 54 du CGI prévoyant simplement que l'entreprise doit présenter ses documents comptables à toute réquisition de l'administration.

### 1 – Les obligations fiscales

**170-** Deux régimes d'imposition existent pour toutes les entreprises commerciales, le régime réel simplifié et le régime réel normal, les petites entreprises individuelles pouvant être soumises à des régimes dérogatoires dont ne relèvent pas certains professionnels comme les marchands de biens.

#### A – Le régime réel simplifié

**171-** Ce régime se caractérise par des obligations allégées par rapport au régime réel normal. Elles consistent dans le dépôt d'une déclaration n° 2031 à laquelle doivent être joints quatre tableaux annexes pour les entreprises individuelles et les sociétés de personnes. Les sociétés soumises à l'impôt sur les sociétés déposent l'imprimé n° 2065 accompagné de quatre tableaux.

Certaines entreprises en relèvent de plein droit. Il s'agit, en premier lieu, des entreprises dont le chiffre d'affaires annuel hors taxe excède les limites du régime micro, sans toutefois dépasser 763 000 € pour les activités de ventes et assimilées ou 230 000 € pour les prestations de services et, en second lieu, des entreprises passibles du régime micro de par le montant de leur chiffre d'affaires, mais exclues à cause de leur forme juridique ou de leur activité et, en troisième lieu, les sociétés civiles de moyens qui agissent conformément à leur objet.

Les entreprises soumises de plein droit au régime micro peuvent opter pour être assujetties au régime réel simplifié. Une telle option est intéressante, notamment, si le montant du bénéfice réel est inférieur au bénéfice forfaitaire si le résultat est déficitaire[1].

### B – Le régime réel normal

**172-** Le régime réel normal constitue le régime d'imposition le plus contraignant pour les entreprises. Sont obligatoirement concernées par ce régime les entreprises dont le chiffre d'affaires excède 763 000 € pour les activités de ventes ou 230 000 € pour les prestations de services. Les entreprises qui sont soumises de plein droit au régime réel simplifié peuvent opter pour le régime réel normal.

Les obligations fiscales prévues aux articles 53 A, 172 et 223-1 du CGI sont d'ordre déclaratif. Les entreprises individuelles doivent déclarer chaque année, au plus tard le 30 avril, les résultats de leur dernier exercice en déposant l'imprimé n° 2031 et des annexes 2031 *bis*, et 2031 *ter* au centre des impôts territorialement compétent. Les sociétés soumises à l'impôt sur les sociétés ont jusqu'au 30 avril pour déposer leur déclaration n° 2065 si leur exercice correspond à l'année civile. Sinon, elles doivent déposer leur déclaration dans les trois mois de la clôture. Les grandes entreprises relèvent de la Direction des grandes entreprises.

Ces déclarations doivent être accompagnées de tableaux fiscaux qui présentent, notamment, l'actif et le passif du bilan, le compte de résultat, les provisions et les amortissements ainsi que la détermination du résultat fiscal avec le suivi des déficits fiscaux.

## 2 – Les obligations comptables des entreprises commerciales

**173-** Les entreprises commerciales doivent tenir une comptabilité en partie double, susceptible de justifier l'exactitude des résultats déclarés.

Tous les commerçants sont astreints, en vertu des dispositions des articles L. 123-12 et suivants du Code de commerce, à procéder à l'enregistrement comptable chronologique des mouvements affectant le patrimoine de l'entreprise, à contrôler par inventaire, au moins une fois tous les douze mois, l'existence et la valeur des éléments actifs et passifs du patrimoine de l'entreprise, à établir des comptes annuels à la clôture de l'exercice au vu des enregistrements comptables et de l'inventaire. Ces comptes annuels comprennent le bilan, le compte de résultat et une annexe qui forment un tout indissociable.

1. V. le régime des micro-entreprises : paragraphe n° 201.

**174-** Dans l'hypothèse où la comptabilité serait considérée comme non sincère ou irrégulière à l'occasion d'une vérification de comptabilité, l'administration serait en droit de reconstituer le chiffre d'affaires et le bénéfice déclarés par l'entreprise.

CHAPITRE 4

# LES DISPOSITIONS PROPRES AUX ENTREPRISES INDIVIDUELLES

**175-** Les dispositions applicables à l'ensemble des entreprises commerciales ayant été examinées, il convient d'envisager les différentes spécificités des dispositions fiscales applicables aux seules entreprises individuelles.

## SECTION I – La délimitation de la catégorie des bénéfices industriels et commerciaux

**176-** Trois catégories d'activités commerciales existent en droit fiscal des affaires.

### 1 – Les activités commerciales industrielles et artisanales par nature

**177-** L'article 34 du CGI définit les bénéfices industriels et commerciaux comme les bénéfices réalisés par les personnes physiques provenant de l'exercice d'une activité commerciale, industrielle ou artisanale.

#### A – Une activité constituant une profession

**178-** Par **activités commerciales**, il faut entendre :

– les commerces proprement dits dont l'objet est d'acheter, en vue de les revendre, sans leur avoir fait subir de transformation, toutes matières premières et tous produits fabriqués ;

– les commerces consistant à acheter des objets en vue d'en louer l'usage ;

– l'exploitation d'établissements destinés à fournir le logement, la nourriture, les soins personnels ou les distractions (hôtels, pensions de famille, restaurants, bains, spectacles, etc.) ;

– les entreprises de commission et de courtage ;

– les agences et bureaux d'affaires (agences de contentieux, de location d'immeubles, de police privée, de publicité, de voyages, bureaux de placement, actes d'entremise, etc.) ;

– la banque sous toutes ses formes et les assurances ;

– les charges et offices dont les titulaires ont la qualité de commerçants, à savoir, par exemple, les courtiers interprètes et conducteurs de navires.

**179-** Les **activités industrielles**, caractérisées par l'importance des moyens mis en œuvre, s'entendent essentiellement de celles consistant :

– en la production de biens, tantôt avec des matières appartenant à celui qui les transforme en vue de la revente, tantôt appartenant à des tiers lorsque l'activité est exercée à façon ;

– en des opérations de construction et terrassement, de transports et de manutention, d'extraction de matériaux (y compris les industries minières...).

**180-** Les professions **artisanales** sont en fait comprises dans les deux groupes précédents. Seuls changent les conditions d'exercice et les moyens mis en œuvre.

L'artisan est un travailleur indépendant qui exerce une activité manuelle exigeant une certaine qualification acquise, notamment, à la suite d'un apprentissage et, cherche, ce faisant, à réaliser principalement la valeur de son travail.

## B – Les conditions d'exercice

**181-** Les revenus provenant de l'exercice d'une activité commerciale, industrielle ou artisanale ne sont considérés, au regard de l'impôt sur le revenu, comme des bénéfices industriels et commerciaux que s'ils sont réalisés à titre professionnel.

**182-** L'exercice d'une profession industrielle et commerciale suppose l'accomplissement habituel, par les personnes relevant de l'impôt sur le revenu, d'opérations de nature commerciale, industrielle ou artisanale, pour leur propre compte et dans un but lucratif.

**■ Exemple**

Un médecin qui, parallèlement à son activité principale, réalise des opérations de placement immobilier en acquérant cinq immeubles et en les revendant après leur division, effectue des actes de commerce de manière habituelle.

Dans une telle hypothèse, l'intérêt pour l'administration est d'imposer le contribuable sur ses profits au taux progressif et non pas au taux proportionnel.

**183-** La recherche des activités imposables doit être effectuée compte tenu des circonstances de fait dans lesquelles les opérations commerciales, industrielles ou artisanales sont réalisées.

> **■ Exemple**
>
> L'exploitant d'une auto-école est imposé dans la catégorie des bénéfices non commerciaux s'il exerce seul son activité.
>
> En revanche, l'exploitant d'une auto-école est imposé dans la catégorie des bénéfices industriels et commerciaux s'il exerce son activité avec des salariés et des voitures. Il y a, en quelque sorte, une spéculation sur le travail d'autrui.

## 2 – Les activités commerciales par détermination de la loi

**184-** Présentent, également, le caractère de bénéfices industriels et commerciaux par détermination de la loi, les bénéfices réalisés par des personnes physiques à l'occasion des opérations immobilières suivantes :

– les profits réalisés par les marchands de biens et assimilés et par les intermédiaires visés à l'article 35-I, 1° à 4° du CGI,

– les profits que les personnes physiques réalisent à titre habituel à l'occasion de la cession d'immeubles qu'elles ont construits ou fait construire et des droits immobiliers y afférents en application de l'article 35-I 1° *bis* du CGI,

– les profits réalisés par les personnes qui procèdent à la cession d'un terrain divisé en lots destinés à être construits lorsque le terrain a été acquis à cet effet selon l'article 35 1-3° du même code.

**185-** Aux termes de l'alinéa 2 de l'article 34 du CGI, sont considérés comme des bénéfices industriels et commerciaux, pour l'application de l'impôt sur le revenu, les bénéfices réalisés par les concessionnaires de mines, par les amodiataires et sous amodiataires de concessions minières, par les titulaires de permis d'exploitation de mines et par les explorateurs de mines de pétrole et de gaz combustibles.

**186-** Conformément aux dispositions de l'article 35-1-5° du CGI, les profits tirés de la location d'un établissement commercial ou industriel présentent le caractère de bénéfices industriels et commerciaux, dès lors que cet établissement est muni du mobilier ou du matériel nécessaire à son exploitation. Peu importe que la location comprenne ou non tout ou partie des éléments incorporels du fonds de commerce ou d'industrie.

### 3 – Les activités commerciales par attraction

**187-** L'article 155 du CGI dispose que :

« *Lorsqu'une entreprise industrielle ou commerciale étend son activité à des opérations dont les résultats entrent dans la catégorie des bénéfices de l'exploitation agricole ou dans celle des bénéfices des professions non commerciales, il est tenu compte de ces résultats pour la détermination des bénéfices industriels et commerciaux à comprendre dans les bases de l'impôt sur le revenu.* »

**188-** Tout contribuable qui dispose de revenus professionnels ressortissant à des catégories différentes est passible de l'impôt sur le revenu à raison de l'ensemble de ses revenus déterminés, en principe, selon les règles propres à chacune des catégories à laquelle ils appartiennent.

**189-** Conformément à l'article 155 du CGI, lorsqu'une entreprise industrielle ou commerciale que celle-ci soit exploitée à titre individuel ou par une société de personnes ou assimilée n'ayant pas opté pour l'impôt sur les sociétés étend son activité à des opérations dont les résultats entrent dans la catégorie des bénéfices de l'exploitation agricole ou dans celle des bénéfices des professions non commerciales, il est tenu compte de l'ensemble de ces résultats pour la détermination des bénéfices industriels et commerciaux à comprendre dans les bases de l'impôt sur le revenu. C'est une manifestation de la règle dite du « cumul ».

L'article 155 trouve à s'appliquer dès lors que les opérations agricoles ou non commerciales – effectuées à titre complémentaire ou accessoire – peuvent être considérées comme une simple extension de l'activité industrielle ou commerciale. En d'autres termes, cette disposition n'est applicable qu'aux contribuables qui se livrent à des opérations relevant en principe de catégories différentes mais constituant, en fait, l'exploitation d'une seule et même entreprise dans laquelle l'objet industriel et commercial est prédominant.

Le caractère prépondérant de l'entreprise industrielle ou commerciale dépend des conditions d'exploitation qu'il convient d'examiner, dans chaque cas d'espèce, compte tenu des circonstances et au vu de la comptabilité décrivant les diverses activités exercées comme l'importance des capitaux mis en œuvre, du personnel utilisé, du chiffre d'affaires commercial réalisé, du montant des produits achetés à des tiers.

■ **Exemple**

Cet article 155 du CGI trouve à s'appliquer à un contribuable qui exerce simultanément la profession de boucher charcutier et celle d'exploitant agricole dès lors que l'activité commerciale dégage plus de 70 % du chiffre d'affaires global[1].

## SECTION II – Les rectifications apportées au résultat comptable

**190-** Trois rectifications doivent être envisagées.

### 1 – La non-déduction de la rémunération du travail de l'exploitant

**191-** Pour l'application de l'impôt sur le revenu, les bénéfices industriels, commerciaux et artisanaux s'entendent de l'ensemble des profits que l'exploitant retire de l'exercice de son activité et de la mise en valeur de ses capitaux. Dès lors, le travail effectué étant normalement rémunéré par le bénéfice net, les appointements que s'alloue l'exploitant à raison de son activité professionnelle correspondent en réalité à un emploi et non à une charge du bénéfice. Ils doivent donc être exclus des frais généraux déductibles.

■ **Exemple 1**

L'exploitant individuel peut décider de s'octroyer une gratification mensuelle d'un montant de 1 800 €. Il peut la déduire de son résultat comptable en passant l'écriture suivante tous les mois.

| | | |
|---|---|---|
| 644 rémunérations | 1 800 | |
| 512 banques | | 1 800 |

Sur le plan fiscal, elle devra être réintégrée au résultat à la ligne 316 du tableau 2033 B pour un montant de 21 300 €.

■ **Exemple 2**

Au cours de l'année 2004, l'exploitant individuel décide de s'octroyer une gratification mensuelle d'un montant de 1 500 €. Il peut décider de ne pas mouvementer le compte de charges et passer l'écriture comptable suivante le premier jour de chaque mois :

1. CE, 03 juin 1988 : *Dr. fisc.* 1989, n° 9, comm. 246.

| | | |
|---|---|---|
| 108 comptes de l'exploitant | 1 500 | |
| 512 banques | | 1 500 |

Le compte 108 intitulé « compte de l'exploitant » se présente alors de cette façon :

| | D | C |
|---|---|---|
| 01/01 prélèvement | 1 500 | |
| 01/02 prélèvement | 1 500 | |
| 01/03 prélèvement | 1 500 | |
| 01/04 prélèvement | 1 500 | |
| 01/05 prélèvement | 1 500 | |
| 01/06 prélèvement | 1 500 | |
| 01/07 prélèvement | 1 500 | |
| 01/08 prélèvement | 1 500 | |
| 01/09 prélèvement | 1 500 | |
| 01/10 prélèvement | 1 500 | |
| 01/11 prélèvement | 1 500 | |
| 01/12 prélèvement | 1 500 | |

La somme des montants inscrits au débit du compte 108 constitue les prélèvements de l'exploitant effectués au cours de l'année 2004. Ceci est à rapprocher de la définition du bénéfice envisagée par l'article 38-2 du CGI.

## 2 – La déduction de la rémunération du conjoint

**192-** Le nouvel article 154 du CGI issu de la loi de Finances pour 2005 dispose que pour la détermination des bénéfices industriels et commerciaux, le salaire du conjoint participant effectivement à l'exercice de la profession peut, à la demande du contribuable, être déduit du bénéfice imposable dans la limite de 13 800 € à la condition que ce salaire ait donné lieu au versement des cotisations prévues pour la sécurité sociale, des allocations familiales et des autres prélèvements sociaux en vigueur. Ce salaire est rattaché à la catégorie des traitements et salaires.

La partie de la rémunération excédant la limite de 13 800 € n'est pas déductible du bénéfice imposable. Elle doit être réintégrée fiscalement.

■ **Exemple**

Le conjoint de l'exploitant a perçu un salaire annuel de 15 000 €, auquel il convient d'ajouter les cotisations sociales d'un montant de 3 000 €.

Le revenu à déclarer dans la catégorie des salaires est déterminé de la manière suivante : 13 800 – 3 000 = 10 800

Le revenu net imposable sera de 8 334 (10 800 – 382 x 80 %). Il est tenu compte du montant minimal de l'abattement professionnel.

**193-** Si l'entrepreneur individuel est adhérent à un centre de gestion agréé, la rémunération versée à son conjoint est déductible en totalité.

La solution prévue par la doctrine administrative en faveur des couples mariés selon le régime de la séparation de biens continue à perdurer. La rémunération versée est déductible en totalité dès lors qu'elle respecte les règles habituelles de déduction.

### 3 – La réintégration des intérêts financiers en cas de capital individuel négatif

**194-** Si le solde du compte de l'exploitant individuel est débiteur du fait des prélèvements effectués, les frais et charges correspondant aux emprunts et aux découverts bancaires rendus nécessaires par la situation de trésorerie de l'entreprise sont considérés comme supportés dans l'intérêt de l'exploitant et non dans celui de l'entreprise. Conformément aux principes fondamentaux, de telles charges financières ne sont pas admises en déduction du résultat fiscal et doivent faire l'objet d'une réintégration extra-comptable.

Les charges financières susceptibles d'être réintégrées au résultat fiscal sont essentiellement les intérêts et les agios afférents aux prêts et aux avances consentis à l'entreprise. En revanche, il n'y a pas lieu de retenir les frais d'escompte des effets de commerce.

Ainsi, sont susceptibles d'être exclus des charges déductibles les intérêts d'un emprunt supportés au titre d'un exercice au cours duquel le compte de l'exploitant est débiteur à la suite des prélèvements de l'exploitant, alors même que l'emprunt a été contracté au cours d'un exercice antérieur pendant lequel le compte était constamment créditeur.

**195-** Le solde du compte de l'exploitant doit être déterminé au jour le jour. Toutefois, l'entreprise peut recourir au solde moyen annuel du compte de l'exploitant pour apprécier la déductibilité des frais financiers. À cet effet, l'exercice est divisé en autant de périodes qu'il y a d'apports et de prélèvements effectués.

**196-** La quote-part non déductible des charges financières est déterminée par le rapport du solde débiteur moyen annuel du compte de l'exploitant au montant moyen des prêts et avances de l'exercice. Néanmoins, il conviendra de substituer au solde débiteur moyen annuel du compte de l'exploitant le montant moyen annuel des prélèvements nets de l'exploitant si ce dernier lui est inférieur.

Pour le décompte de ce dernier montant, le solde débiteur du compte de l'exploitant à l'ouverture de l'exercice, après affectation du résultat comptable de l'exercice précédent, n'est retenu que pour la fraction correspondant aux prélèvements nets personnels de l'exploitant. Il n'est donc pas tenu compte des situations négatives imputables exclusivement à l'existence de reports à nouveau négatifs.

**■ Exemple**

Une entreprise individuelle a financé un investissement par un emprunt de 21 342 € contracté au cours de l'année 2002, remboursable au terme de trois ans. Les intérêts annuels correspondants sont de 2 988 €. En outre, les agios afférents à un découvert bancaire de 13 720 € accordé le 1er mai 2005 se sont élevés à 1 829 €.

Le 30 décembre 2004, le compte de l'exploitant présentait un solde positif de 7 622 €. Le 31 décembre, le solde était de 45 734 € après l'affectation du résultat comptable de l'exercice 2004 qui s'établissait à 38 112 €.

Le 31 mars 2005, l'exploitant effectue un prélèvement de 60 979 €, le compte ayant alors un solde de - 15 245 €.

Le 1er août 2005, l'exploitant a fait un apport de 32 014 €.

Le 30 septembre 2005, il effectue un prélèvement de 70 126 €, le compte ayant alors un solde de - 53 257 €.

Enfin, le déficit comptable de l'exercice 2005 d'un montant de 38 112 € est affecté au compte de l'exploitant, celui-ci présentant alors un solde de - 91 469 €.

Les charges financières non déductibles sont calculées ainsi :

**1°** Solde moyen annuel du compte de l'exploitant :

[(45 734 x 3) + (- 15 244 x 4) + (16 769 x 2) + (- 53 357 x 3)] / 12 = - 4 192

**2°** Montant moyen des prélèvements nets :

Le prélèvement net qui s'établit à 599 024 est déterminé de la manière suivante :

[(60 979 x 4) + [(60 979 – 32 033) x 2] + [(60 979 – 32 033 + 70 126) x 3]

Puis, ce prélèvement net est divisé par le nombre de mois de l'année civile pour obtenir le prélèvement moyen net :

599 024 / 12 = 49 918

**3°** Montant moyen des prêts et avances consentis à l'entreprise :

[(21 342 x 12) + (13 720 x 8)] / 12 = 30 488

**4°** Quote-part des frais financiers non déductible. Le montant moyen annuel des prélèvements nets de l'exploitant n'étant pas inférieur au solde débiteur moyen du compte de l'exploitant, c'est ce dernier solde qui doit être retenu :

(2 988 + 1 829) x (4 192 / 30 488) = 662

Cette somme doit faire l'objet d'une réintégration extra-comptable.

## SECTION III – Les modalités d'imposition des plus-values

**197-** Les plus-values déterminées dans les conditions de droit commun et réalisées par des exploitants individuels sont imposées en principe au taux progressif de l'impôt sur le revenu si elles sont dites à court terme et à un taux proportionnel si elles sont qualifiées de long terme.

**198-** L'article 151 *septies* du CGI prévoit que les plus-values soumises au régime des articles 39 *duodecies* à 39 *quindecies*, à l'exclusion de celles entrant dans le champ d'application du A de l'article 1594 – 0 G, sont exonérées si elles sont réalisées par une entreprise dont le chiffre d'affaires est inférieur à 250 000 € HT en cas d'activités d'achat-revente ou à 90 000 € HT si son activité consiste à effectuer des prestations de services. L'exonération est partielle si le chiffre d'affaires est inférieur à 350 000 € HT ou 126 000 € HT, selon la nature de l'activité.

Pour les entreprises commerciales de vente ou de fourniture de logements dont les recettes sont comprises entre 250 000 € et 350 000 €, la fraction imposable est obtenue en divisant par 100 000 € le montant des recettes qui excèdent 250 000 €. Pour les autres entreprises dont les recettes sont comprises entre 90 000 € et 126 000 €, la fraction imposable est obtenue en divisant par 36 000 € le montant des recettes qui excède 90 000 €.

**■ Exemple 1**

L'entreprise individuelle Martin qui a une activité d'achat-revente réalise un chiffre d'affaires en 2005 d'un montant de 320 000 €. Au cours de cette même année, elle dégage une plus-value de 30 000 €.

▪ Le montant de la plus-value imposable s'établit de la manière suivante : 30 000 x (320 000 – 250 000 / 100 000) = 21 000.

**■ Exemple 2**

L'entreprise individuelle Michel qui a une activité de prestataire de services réalise un chiffre d'affaires en 2005 d'un montant de 110 000 €. Au cours de cette même année, elle dégage une plus-value de 30 000 €.

▪ Le montant de la plus-value imposable s'établit de la manière suivante : 30 000 x (110 000 – 90 000 / 36 000) = 16 666.

Ces recettes annuelles correspondent à la moyenne du chiffre d'affaires des deux dernières années. Par ailleurs, cette exonération n'est possible que si l'activité est réalisée à titre professionnel. Cela suppose que l'exploitant participe personnellement, directement et de manière continue à l'accomplissement des actes nécessaires à l'activité.

**199-** L'article 151 *septies* A du CGI issu de la loi de finances rectificative pour 2005 prévoit que les plus-values soumises au régime des articles 39 *duodecies* à 39 *quindecies*, à l'exclusion de celles mentionnées au III, réalisées dans le cadre d'une activité commerciale sont exonérées lorsque les conditions suivantes sont réunies :

– L'activité doit avoir été exercée pendant cinq ans ;

– La cession doit être réalisée à titre onéreux et a pour objet l'entreprise individuelle ;

– Dans l'année suivant la cession, le cédant doit cesser toute fonction dans l'entreprise cédée et faire valoir ses droits à la retraite ;

– L'entreprise ne doit pas employer plus de deux cent cinquante salariés et réaliser un chiffre d'affaires supérieur à 50 millions d'euros ou avoir un total de bilan supérieur à 43 millions d'euros ;

– Le cédant ne doit pas détenir des parts dans le capital de la société cessionnaire.

**200-** L'article 238 *quindecies* du CGI issu de la loi de finances rectificative pour 2005 prévoit l'exonération totale de la plus-values réalisée à l'occasion de la transmission d'une entreprise individuelle ou d'une branche complète d'activité lorsque sa valeur est inférieure à 300 000 €. L'exonération n'est que partielle si sa valeur est comprise entre 300 000 € et 500 000 €. Cette exonération suppose que l'activité ait été exercée pendant cinq ans. Les plus-values se rapportant à des biens immobiliers sont exclues de ce dispositif et peuvent être imposées selon les modalités prévues à l'article 151 *septies* B du CGI. À défaut, elles sont imposées dans les conditions de droit commun.

## SECTION IV – Le particularisme du régime d'imposition des entreprises individuelles

**201-** Si l'entrepreneur individuel réalise un chiffre d'affaires inférieur à 76 300 € pour les activités de vente et de fourniture de logement ou de 27 000 € pour les autres prestations de services et qui ne sont pas expressément exclues, des modalités particulières de détermination du bénéfice existent.

L'article 50-0 1 du code général des impôts prévoit que le bénéfice correspond à 28 % du chiffre d'affaires ou, en cas d'activité mixte, de la part du chiffre d'affaires global provenant de la vente de marchandises, objets, fournitures et denrées à emporter ou à consommer sur place, ou de la fourniture de logements et à 48 % en cas de prestations de services.

Les taux sont ramenés à compter de l'imposition des revenus 2006, respectivement, à 32 % et à 55 %.

Dans ce cas, le contribuable se borne à indiquer sur sa déclaration de revenu imprimé n° 2042 le montant de son chiffre d'affaires.

**202-** En revanche, si le chiffre d'affaires dépasse ces montants, l'entreprise individuelle est soumise aux obligations déclaratives de droit commun avec une particularité constituée par le régime super-simplifié.

Si l'entreprise est soumise au régime super-simplifié prévu à l'article 302 *septies* A *ter* A du CGI à la suite d'une option annuelle portée sur la déclaration de résultat, ses obligations comptables se trouvent allégées. Elle peut tenir une comptabilité de trésorerie en cours d'année et ne constater leurs créances et leurs dettes qu'à la clôture de l'exercice. Les stocks de produits et de marchandises sont évalués à partir du prix de vente auquel on applique un abattement correspondant à la marge moyenne pratiquée. Le contribuable se trouve même dispensé de déposer un bilan si ses recettes n'excèdent pas 153 000 € HT ou 54 000 € HT selon la nature de l'activité exercée.

En toute hypothèse, le résultat, bénéfice ou déficit, est mentionné sur la déclaration de revenus déposée par l'entrepreneur et compose le revenu global avec les autres revenus que peuvent avoir les différents membres du foyer fiscal. Ce bénéfice est soumis au barème progressif de l'impôt sur le revenu. À compter de l'imposition des revenus 2006, les commerçants non adhérents à un CGA se verront appliquer une majoration forfaitaire de 25% du montant de leur bénéfices déclarés. Toutefois, le contribuable a la faculté d'adhérer à un centre de gestion agréé, ce qui lui donne le droit de bénéficier d'un abattement de 20 %.

# CHAPITRE 5

# LES SOCIÉTÉS SOUMISES À L'IMPÔT SUR LES SOCIÉTÉS

**203-** Avant 1948, il n'y avait pas d'impôt sur les sociétés au sens strict du terme. Mais cela n'était pas, pour autant, synonyme d'absence de toute imposition. Dans le système primitif de l'impôt sur le revenu, la cédule des BIC comportait un régime spécial pour les sociétés : celles-ci y étaient assujetties à raison de leur forme.

La réforme de 1948 a supprimé les impôts cédulaires pour les remplacer par la taxe proportionnelle et la surtaxe progressive. Dès lors, les sociétés de capitaux auraient été exonérées de toute imposition, seules les distributions de dividendes auraient été imposées chez les associés. C'est pourquoi, cet impôt sur les sociétés a été créé en 1948.

## SECTION I – Le champ d'application de l'impôt sur les sociétés

### 1 – Les groupements soumis à l'impôt sur les sociétés

#### A – L'imposition de droit

**204-** Les articles 206-1 et suivants du CGI précisent le champ d'application de l'impôt sur les sociétés. Les sociétés dans lesquelles la responsabilité des associés est limitée au montant de leurs apports sont soumises obligatoirement à l'impôt sur les sociétés. Entrent dans cette catégorie, principalement, les sociétés anonymes (SA), les sociétés à responsabilité limitée (SARL), les sociétés par actions simplifiées (SAS), les sociétés en commandite par actions, les sociétés en commandite simple pour les droits revenant aux associés commanditaires.

**205-** L'article 206-1 du CGI vise également « *toutes les autres personnes morales se livrant à une exploitation ou à des opérations de caractère lucratif* ». Cette formulation a permis au Conseil d'État d'imposer à l'impôt sur les sociétés au taux de droit commun les associations dès lors qu'elles avaient une activité lucrative. Ce caractère lucratif, au sens du droit fiscal, n'est pas incompatible avec le but non lucratif poursuivi par ces personnes morales au sens du droit privé.

**206-** Lorsque l'association n'a pas une activité entrant dans le champ d'application de l'impôt sur les sociétés, ses résultats sont imposés dans les conditions prévues à l'article 206-5 du CGI. Seuls les revenus fonciers, les bénéfices agricoles et les revenus de capitaux mobiliers sont imposés.

L'impôt correspond à 24 % des revenus de l'organisme sans but lucratif.

**■ Exemple**

L'association Aides aux étudiants propose aux étudiants qui sont adhérents certains services.

Les membres qui sont au nombre de 500, acquittent une cotisation de 50 € pour l'année.

Par ailleurs, elle possède un bien immobilier qu'elle loue moyennant un loyer mensuel de 2 000 € et perçoit des dividendes pour un montant net de 1 000 €. Au cours de l'année 2004, elle a cédé des actions, la cession ayant généré une plus-value de 3 000 €.

Vous devez calculer le bénéfice imposable et l'impôt correspondant.

**■ Corrigé**

Même lorsque l'association ne se livre à aucune activité lucrative, l'association est redevable de l'impôt sur les revenus provenant de la gestion de son patrimoine au taux de 24 % ou pour certains revenus mobiliers au taux de 10 %.

- Les revenus générés par la location de l'immeuble sont imposables :

2 000 x 12 = 24 000 €

- L'administration autorise les associations à opter pour la prise en compte des frais de gestion, d'assurance et d'amortissement sur la base de la déduction de 14 % en vigueur pour les particuliers.

24 000 x 14 % = 1 960 €

- Le revenu net imposable s'établit à 22 040 (24 000 – 1 960).
- Les dividendes et plus-values ne sont pas imposables.
- L'impôt est alors de 5 289 € (22 040 x 24 %).
- Cet impôt doit être acquitté spontanément à la recette des impôts lors du dépôt de la déclaration n° 2070 (Article 362 de l'annexe III au CGI).

### B – L'imposition sur option

**207-** Les sociétés de personnes présentent la caractéristique d'associer des partenaires *intuitus personae* pour la réalisation de l'objet social. Cette vaste famille comprend les différentes formes de société civile, les sociétés en nom collectif, les sociétés créées de fait, les sociétés en participation.

**208-** Sur le plan fiscal, ces sociétés sont considérées comme transparentes parce qu'elles n'incarnent pas une entité véritablement autonome et distincte de leurs associés. Ceci explique que, sur le plan civil, les associés soient indéfiniment responsables des dettes sociales au prorata de leurs parts sociales.

Le bénéfice d'une société de personnes est imposé, non pas au niveau de la société elle-même, mais chez les associés qui doivent incorporer à leur propre revenu leur quote-part de bénéfice. Cette règle s'applique à tous les associés, qu'ils soient des personnes physiques ou des sociétés soumises à l'impôt sur les sociétés.

**209-** Ces sociétés de personnes qui relèvent normalement de l'impôt sur le revenu peuvent opter pour que leurs bénéfices soient imposés en leur nom en application de l'article 206-3 du CGI.

## 2 – Les groupements exclus du champ d'application

**210-** Certaines dispositions du code général des impôts excluent du champ d'application de l'impôt sur les sociétés des personnes morales qui en relèveraient normalement en raison de leur forme ou de la nature de leur activité ou encore par suite d'une option antérieurement exercée.

Sont ainsi exclus du champ d'application de l'impôt sur les sociétés lorsqu'ils fonctionnent conformément à leurs statuts, les GIE et GEIE, les sociétés civiles de moyens et les sociétés civiles professionnelles, les sociétés civiles ayant pour objet la construction d'immeubles en vue de la vente, ainsi que les sociétés immobilières de copropriété dotées de la transparence fiscale, en application de l'article 1655 *ter* du CGI.

Les SARL exerçant une activité industrielle, commerciale artisanale ou agricole et de caractère familial qui ont opté pour le régime fiscal des sociétés de personnes sont placées hors du champ d'application de l'impôt sur les sociétés.

**211-** Certains groupements peuvent être exonérés pour une partie de leurs activités, comme les sociétés anonymes de crédit immobilier pour leurs activités de distribution de prêt ou les sociétés d'économie mixte chargées d'opérations d'aménagement urbain, mais redevables de l'impôt sur les sociétés pour leurs activités en quelque sorte de droit commun.

# SECTION II – La détermination du bénéfice imposable

## 1 – La territorialité

**212-** Il résulte des dispositions de l'article 209-I du CGI que le lieu d'exploitation des entreprises détermine, sous réserve des dérogations résultant des conventions fiscales internationales, l'imposition des bénéfices passibles de l'impôt sur les sociétés. Le régime français se caractérise par un principe de territorialité stricte.

Ainsi, les bénéfices réalisés dans des entreprises exploitées à l'étranger par des sociétés ayant leur siège en France se trouvent soustraits à l'application de l'impôt français, même si la comptabilité de ces exploitations est centralisée en France.

En revanche, les entreprises dont le siège est situé hors de France sont, quelle que soit leur nationalité, imposables en France à raison des profits tirés de l'exploitation sur le territoire national.

Ces règles signifient qu'une société-fille ne peut pas déduire de son résultat fiscal en France des charges engagées au seul profit de la société-mère étrangère.

### ■ Exemple

Une société française commercialise en France, en Espagne et en Italie des logiciels élaborés par sa société-mère américaine. Des filiales implantées en Angleterre et aux Pays-Bas commercialisent les mêmes produits dans les autres pays européens.

Dans le cadre de la gestion de ses équipes commerciales, la société-mère décide que la société européenne qui augmentera le plus son chiffre d'affaires en 2004 sera chargée de gérer toute la politique de communication du groupe en 2005.

La société française sort gagnante et engage à ce titre des dépenses en 2005 en frais de déplacement, de téléphone. Le personnel salarié consacre 10 % de son temps à cette politique du groupe. Aucune redevance n'est versée à ce titre par le groupe.

Ces charges sont-elles déductibles du résultat de la société française ?

### ■ Corrigé

La société française ne peut pas supporter de telles charges en application de l'article 209-I du CGI, selon lequel, une société-fille ne peut pas déduire de son résultat fiscal en France des charges engagées au seul profit de la société-mère étrangère.

Elle peut déduire une simple quote-part de ses dépenses déterminée en fonction, par exemple, de son chiffre d'affaires par rapport au montant global réalisé par le groupe.

Cette pratique constitue également un acte anormal de gestion ou un transfert indirect de bénéfice.

Dans l'hypothèse où la société laisserait en charge de telles dépenses, en cas de contrôle fiscal, l'administration rectifierait la déclaration et considérerait que cette rectification constitue également des revenus distribués au profit de la société étrangère. Leur imposition dépend des dispositions du code général des impôts et de la convention fiscale internationale applicable.

**213-** Cette règle de territorialité stricte place la France dans une position à part au sein des pays développés. Presque tous les pays appliquent un système mondial, c'est-à-dire qu'ils prennent en compte la totalité des profits et des pertes réalisés par une même entreprise, quel que soit le lieu d'exploitation de celle-ci.

**214-** Le législateur n'ayant pas défini la notion d'entreprise exploitée en France, le juge de l'impôt a dû préciser cette notion. L'exploitation d'une entreprise s'entend de l'exercice habituel d'une activité qui peut, soit s'effectuer dans le cadre d'un établissement (c'est-à-dire en général, d'une installation matérielle autonome présentant une certaine permanence), soit être réalisée par l'intermédiaire de représentants n'ayant pas de personnalité indépendante, soit résulter d'opérations formant un cycle commercial complet. Un cycle commercial complet correspond généralement à une série d'opérations commerciales, industrielles ou artisanales dirigées vers un but déterminé et dont l'ensemble forme un tout cohérent. L'exemple le plus caractéristique du cycle complet est celui des opérations d'achats de marchandises suivies de leur revente.

**215-** Ces règles s'appliquent en l'absence de convention fiscale internationale. En présence d'une convention fiscale, il faut se référer à ses clauses. Cela suppose que l'entreprise soit résidente dans l'un des deux États et imposable dans ces deux États en application des dispositions internes, c'est-à-dire en application de la notion d'entreprise exploitée en France selon notre conception de la territorialité et de la conception de l'autre État. Pour attribuer le droit d'imposer, la convention retient la notion d'établissement stable. Il s'agit d'une installation fixe d'affaires par l'intermédiaire de laquelle une entreprise exerce tout ou partie de son activité. Trois critères doivent être respectés : il doit exister un local (une simple place sur un marché suffit), il faut une certaine permanence et l'exercice d'une réelle activité.

Ainsi, lorsqu'une société française exploite un établissement stable dans un autre État, la société française y est imposable à raison de cet établissement et ne le sera pas en France. Elle ne pourra pas déduire en France une éventuelle perte réalisée à l'étranger.

## 2 – Les règles applicables à certains produits ou charges

**216-** Certaines règles applicables en matière de bénéfices industriels et commerciaux sont transposables à l'impôt sur les sociétés. L'impôt sur les sociétés se différencic des BIC en matière d'imposition des plus-values, de déduction des aides financières, de l'interdiction de déduire certains impôts, de la limitation à la déduction des intérêts de compte-courant d'associés et de la déduction des rémunérations versées aux dirigeants de sociétés.

### A – L'imposition des plus-values

**217-** La plupart des plus-values réalisées par des entreprises soumises à l'impôt sur les sociétés relèvent du taux de droit commun. Seules peuvent relever du régime de long terme les plus-values de cessions de titres de participation, le résultat net des concessions de licences d'exploitation de brevets et enfin certains dividendes reçus de sociétés de capital-risque.

Les plus ou moins-values se rapportant aux autres éléments d'actif sont exclues du régime de long terme, quelle que soit leur durée de détention. Ces plus-values sont soumises au taux de droit commun, et les moins-values minorent le résultat imposable ordinaire. Il faut préciser que, pour l'administration, elles conservent leur qualification de plus ou moins-values.

#### 1 – L'imposition des plus-values à long terme

**218-** Jusqu'à l'adoption de la loi de finances rectificative pour 2004, le bénéfice du taux réduit dans les sociétés soumises à l'impôt sur les sociétés était subordonné à la mise en réserve du solde net de la plus-value. Lorsque la société, en raison de l'insuffisance du bénéfice comptable, n'avait pas pu doter la réserve, ou n'avait pas pu prélever sur d'autres postes de réserves disponibles ce solde net, elle devait remplir cette obligation au plus tard au cours de l'exercice clos la troisième année suivant celle de la réalisation de la plus-value. À défaut, la plus-value était imposable au taux de droit commun.

Ce régime fiscal des titres de participation était ainsi fondé sur un équilibre reposant d'une part, sur une imposition rigoureuse des plus-values, qui pouvaient bénéficier du taux réduit d'imposition et, d'autre part, sur une approche beaucoup plus souple de la déduction des charges relatives à ces participations.

**219-** Dans son vingt-deuxième rapport, le Conseil des impôts avait relevé que cette singularité constituait un véritable déficit de compétitivité pour la France d'autant plus qu'elle faisait figure d'exception dans l'espace économique européen où l'exonération semblait devenir la règle[1].

---

1. L'Allemagne en 2001, le Royaume-Uni en 2002 et l'Italie avaient déjà adopté de telles législations.

**220-** Le législateur est intervenu pour modifier cette situation et a adopté un régime d'exonération des plus-values de cession de titres de participation prévu à l'article 39 de la loi de finances rectificative pour 2004. Issu d'un amendement de la Commission des Finances du Sénat, modifié par le Gouvernement, l'article 39 reconstruit un équilibre en trois points :

– la réduction de 19 % à 15 % du taux réduit dont bénéficient certaines plus-values et produits de concession de brevets dès 2005, dans la perspective, après un exercice intermédiaire en 2006 où les plus-values sur titres de participation bénéficient d'un taux réduit à 8 %, d'une exonération des plus-values de cession de titres de participation à compter de 2007 ;

– la suppression de l'obligation de doter la réserve spéciale des plus-values à long terme au titre des exercices ouverts à compter du 1er janvier 2004 ;

– la création d'une taxe exceptionnelle assise sur les réserves spéciales des plus-values au bilan des entreprises et destinée à financer le coût de la réforme.

#### 2 – Les plus-values réalisées par des sociétés détenues principalement par des personnes physiques

**221-** L'article 238 *quaterdecies* du CGI prévoyait l'exonération de la plus-value de la cession d'une branche complète d'activité d'une valeur inférieure à 300 000 € dès lors qu'elle intervenait avant le 31 décembre 2005. À compter du 1er janvier 2006, selon l'article 238 *quindecies*, la plus-value reste exonérée dès lors que la société emploie moins de deux cent cinquante salariés et réalise un chiffre d'affaires inférieur à 50 millions d'euros ou a un total de bilan inférieur à 43 millions d'euros. En outre, son capital ou ses droits de vote ne doit pas être détenu à hauteur de 25 % ou plus par une entreprise ou plusieurs entreprises ne respectant pas elles-mêmes les conditions du chiffre d'affaires ou de total de bilan et de nombre de salariés.

### B – La non-déduction de certains impôts

**222-** L'impôt sur les sociétés (article 213 du CGI) et la taxe sur les véhicules de tourisme des sociétés (article 1010 du CGI) ne sont pas déductibles du résultat fiscal. L'imposition forfaitaire annuelle est déductible du résultat fiscal à compter du 1er janvier 2006.

### C – Les intérêts de compte courant d'associés

**223-** La déduction des intérêts versés aux associés pour rémunérer les avances est subordonnée au respect de trois conditions prévues à l'article 212-1 du CGI, sauf lorsque les sommes prêtées sont bloquées sur le compte pour être incorporées par la suite au capital dans les conditions prévues à l'article 125 C.

Les deux premières s'appliquent à l'ensemble des associés et des sociétés soumises ou non à l'impôt sur les sociétés. Le capital social doit être intégralement libéré et la rémunération doit respecter le taux moyen des prêts. Ne pas exiger la libération intégrale du capital conduirait les associés à privilégier les avances en compte courant générant une rémunération certaine, contrairement aux distributions de bénéfices, qui sont plus aléatoires. Par ailleurs, les créanciers seraient lésés face à un capital qui ne serait pas entièrement libéré.

La troisième concerne uniquement les avances consenties par les associés qui sont, en droit ou en fait, dirigeants ou majoritaires dans les sociétés soumises à l'impôt sur les sociétés : lorsque la totalité des sommes mises à la disposition de la société excède une fois et demie le montant du capital social, les intérêts correspondants à l'excédent de ces sommes ne sont pas déductibles des résultats imposables de la société qui les a servis. Cette règle ne s'applique pas si la société-mère peut prétendre au régime fiscal des sociétés-mères et filiales, régime qui ne s'applique qu'aux sociétés françaises et aux établissements stables de société étrangère. Ces dernières sociétés ne peuvent prétendre bénéficier de ce régime si elles n'ont pas en France un établissement stable.

**224-** Cette disposition qui a pour but de lutter contre les situations de sous capitalisation doit être appréciée à la lumière du droit communautaire et des conventions fiscales internationales.

Par deux arrêts du 31 décembre 2003, le Conseil d'État a retenu que les dispositions de l'article 212-1 du CGI étaient incompatibles avec le principe communautaire de liberté d'établissement institué par l'article 52 du Traité CE devenu 43 CE[1] et étaient également tenues en échec par des clauses anti-discrimination contenues dans les conventions lorsque celles-ci ne mentionnent pas expressément la possibilité d'utiliser l'article 212-1 du CGI[2]. L'administration s'est ralliée aux solutions dégagées par le Conseil d'État[3]. Dorénavant, ce dispositif ne s'applique pas à l'encontre de sociétés établies dans un autre État membre de l'UE et de sociétés établies dans un État lié à la France par une convention fiscale qui ne mentionne pas de manière expresse son application.

La loi de finances pour 2006 modifie le dispositif prévu à l'article 212 à compter du 1er janvier 2007. Dorénavant, pour être déductibles du résultat fiscal, les intérêts versés à des sociétés du même groupe économique devront respecter les deux limites suivantes :

---

1. CE Sect., 30 décembre 2003, req. n° 249.047, SARL Coréal gestion *Dr. fisc.* 2004, n° 16, comm. 428, note André Lefeuvre.
2. CE Sect., 30 décembre 2003, req. n° 233.894, SA Andritz : *Dr. fisc.* 2004, n° 16, comm. 427, concl. G. Bachelier.
3. V. *BOI* 13-O-2-05 *Dr. fisc.* 2005, n° 4, Instructions fiscales, n° 13263.

– une limite d'endettement global qui consiste à comparer les avances en provenance de sociétés liées avec les capitaux propres de la société bénéficiaire ;

– une limite de « couverture d'intérêts » qui permet de comparer la part des intérêts versés à des sociétés liées au résultat de la société bénéficiaire des avances.

La fraction des intérêts excédant la limite la plus favorable à l'entreprise n'est pas perdue mais peut être déduite des résultats suivants avec une décote de 5 % par année de report.

Mais ce dispositif ne serait pas applicable à l'encontre des entreprises qui ont démontré que leur endettement n'était pas anormal au regard de l'endettement du groupe auquel elles appartiennent.

### D – Les rémunérations versées aux dirigeants de sociétés

**225-** Après un exposé théorique des différentes catégories de revenus imposables susceptibles de concerner les dirigeants de sociétés, les modalités concrètes d'imposition seront envisagées.

#### 1 – Les revenus catégoriels

**226-** Les **bénéfices non commerciaux** sont d'abord les bénéfices tirés de l'exercice des professions libérales, c'est-à-dire d'activités accomplies en toute indépendance, pour les distinguer du salariat et dans lesquelles l'activité intellectuelle joue le rôle principal, pour les distinguer des professions industrielles et commerciales. C'est aussi une « catégorie balai » dans laquelle figurent tous les profits dégagés d'une activité quelconque n'entrant pas dans le champ d'application d'une autre catégorie de revenus.

**227-** La catégorie des **revenus de capitaux mobiliers** comprend les revenus des actions, parts sociales et revenus assimilés distribués par les personnes morales soumises à l'impôt sur les sociétés. Constituent naturellement de tels revenus les **distributions régulièrement décidées par les organes sociaux**. Figurent, bien évidemment, dans cette catégorie les dividendes, auxquels le code général des impôts réserve le bénéfice du crédit d'impôt remplaçant l'avoir fiscal, et des abattements. Mais l'absence de la notion de dividende dans le CGI a été source de débat. Dans son arrêt Gardet[1], le juge de l'impôt avait retenu que n'ouvrent droit à l'avoir fiscal que « *les produits de l'épargne investie en actions, parts sociales ou parts bénéficiaires, qui sont périodiques et renouvelables, prélevées sur les bénéfices ou les réserves et servis à l'ensemble des associés par suite d'une décision régulière de l'assemblée générale* ». Le juge entendait exclure de ce dispositif toutes les autres distributions.

1. CE, 8 juillet 1992, req. n° 88.734 : *RJF* 8-9/1992, n° 1172.

Par la suite, les hésitations ont été gommées à la suite de l'arrêt Anzalone[1] où le juge de l'impôt a retenu, malgré une doctrine administrative contraire, que des distributions de bénéfices, même attribuées aux associés selon une clé de répartition différente de celle qui résulterait de leurs parts respectives dans le capital social, n'en conservent pas moins le caractère de dividende au sens, à la fois, de la loi du 24 juillet 1966 et de l'article 158 *ter* du CGI.

**228-** À côté de ces distributions régulières votées en assemblée générale, il y a les **distributions irrégulières**. Elles résultent d'une « loi » de 1941 modifiée par le décret du 9 décembre 1948 « légalisée » par une loi du 31 décembre 1948. Cette disposition avait pour objectif de ne pas laisser sans imposition les prélèvements opérés en méconnaissance des règles du droit des sociétés et du droit pénal.

L'article 109-1 1° du CGI considère comme revenus distribués tous les bénéfices ou produits qui ne sont pas mis en réserve ou incorporés au capital. L'article 109-1 2° du CGI évoque toutes les sommes ou valeurs mises à la disposition des associés, actionnaires ou porteurs de parts et non prélevées sur les bénéfices. Ces textes appliquent la théorie du bilan qui sert à déterminer le bénéfice de l'entreprise commerciale. Mais le premier de ces deux textes ne s'applique qu'en présence d'un résultat bénéficiaire et à l'encontre d'associés et de non associés. Le second s'applique en présence d'un déficit et ne vise que les associés.

Ces deux textes supposent qu'il y ait un désinvestissement réel au profit du bénéficiaire[2]. La remise en cause d'une provision ne génère pas un désinvestissement et donc un revenu distribué au profit des associés.

L'article 111 c du CGI assimile, lui, les avantages et les rémunérations occultes aux revenus distribués. Ce texte permet d'imposer les revenus distribués qui ne pourraient pas être taxés en application des articles 109-I 1° et 2°. L'article 111 c du CGI s'applique en présence d'un bénéfice ou d'un déficit et à l'encontre de personnes associées et non associées à la seule condition que la rémunération ou l'avantage ait été dissimulé en comptabilité.

**229-** S'agissant des **traitements et salaires**, on trouve les revenus professionnels perçus par les contribuables qui ont la qualité de salarié et qui sont liés à un employeur par un contrat de travail. La subordination à l'égard d'un employeur est le critère essentiel pour distinguer les revenus salariaux des revenus de professions indépendantes.

1. CE, 26 février 2001, req. n° 219.834 : *RJF* 2001, n° 610.
2. CE, 5 décembre 1984, Etienvre, req. n° 46.962 : *RJF* 2/1985, n° 251.

### 2 – L'application aux dirigeants de sociétés

**230-** Les rémunérations versées aux dirigeants de sociétés constituent sur le plan fiscal des **salaires** imposables dans cette catégorie à l'impôt sur le revenu à l'instar de tous les salariés. Ils doivent déclarer tous les revenus disponibles.

**■ Exemple 1**

Un dirigeant de société a perçu au titre de l'année 2004 une rémunération nette imposable de 35 000 €. Toutefois, pour éviter des difficultés financières à l'entreprise, il a décidé de laisser la moitié de sa rémunération en compte courant.

Quel est le montant de sa rémunération imposable ?

Il doit déclarer l'intégralité de sa rémunération, soit 35 000 €. Il en a eu la disposition même s'il a décidé d'en laisser une partie dans son compte courant d'associé. Cette solution ne serait pas valable s'il s'agissait d'un simple salarié qui aurait été contraint de laisser une partie de sa rémunération dans la caisse sociale.

**■ Exemple 2**

Un dirigeant de société a perçu au cours de l'année 2004 un salaire net de 40 000 €. Il a également bénéficié d'allocations forfaitaires pour frais d'un montant mensuel de 1 000 € et d'un véhicule de fonction. Cet avantage en nature est évalué mensuellement à 500 €.

Quel est le revenu imposable de ce dirigeant ?

Les allocations forfaitaires pour frais d'emploi sont toujours imposables conformément aux articles 62, 80 ter, et 81-1 du CGI. Il en va de même de l'avantage en nature. D'ailleurs, il est préférable de percevoir un avantage en nature que l'équivalent en numéraire. L'avantage en nature a toujours une valorisation moindre.

Dès lors, le revenu imposable de ce dirigeant s'établit de la manière suivante :

- 40 000
- 12 000
- 6 000
- soit un total de 58 000

Le contribuable doit déclarer ce revenu, auquel l'administration appliquera, s'il y a lieu, les différents abattements pour déterminer le salaire net imposable.

**■ Exemple 3**

Le dirigeant de la SARL Martin détient seulement 30 % du capital social. Son conjoint, avec lequel il est marié sous le régime de la séparation de biens, et un ami possèdent chacun 35 %.

Vous devez déterminer le caractère majoritaire ou minoritaire de la gérance pour savoir si l'article 62 du CGI s'applique.

Pour apprécier le caractère de la gérance, il faut prendre en compte non seulement les parts sociales possédées directement par le gérant mais aussi, celles dont il dispose indirectement par l'intermédiaire d'une société qu'il contrôle, celles de son conjoint et de ses enfants mineurs non émancipés et, celles détenues par la personne avec laquelle il a conclu un pacte civil de solidarité (PACS).

Au cas particulier, la gérance est réputée majoritaire puisque l'on doit prendre les parts détenues par le gérant ainsi que celles de son conjoint. Le fait qu'ils soient mariés sous le régime de la séparation de biens est sans influence.

L'article 62 du CGI prévoit que la rémunération imposable est déterminée comme en matière de traitements et salaires, après la déduction des cotisations sociales et des primes mentionnées à l'article 154 *bis*. Les intérêts d'emprunt souscrits pour acquérir des titres d'une société nouvelle sont déductibles.

**231**- Les membres des conseils de surveillance, les administrateurs chargés de l'accomplissement d'une mission particulière au nom de la société et dont les émoluments sont considérés comme des honoraires et les gérants des sociétés civiles soumises de plein droit à l'impôt sur les sociétés à raison de l'exercice d'activités commerciales voient leurs revenus imposés dans la catégorie des **bénéfices non commerciaux**.

**232**- Les jetons de présence ordinaires versés aux membres de conseil d'administration et de surveillance sont imposés dans la catégorie des **revenus de capitaux mobiliers**. Il en va différemment pour les jetons de présence spéciaux alloués aux administrateurs pour la rétribution de leurs fonctions salariées de direction qui sont imposables dans la catégorie des **traitements et salaires**.

**233**- Ces différents jetons de présence sont, en principe, déductibles des résultats de la société, sous la réserve, qu'ils ne dépassent pas un certain plafond.

Pour les sociétés qui emploient au moins cinq salariés, la limite pour les jetons de présence est égale à 5 % du produit obtenu en multipliant la moyenne des rémunérations déductibles attribuées aux salariés les mieux rémunérés par le nombre de membres du Conseil. On prend les cinq salariés les mieux rémunérés ou les dix selon le montant du chiffre d'affaires de la société.

Si la société emploie moins de cinq salariés, la déduction est limitée à 457 € par membre du conseil d'administration ou de surveillance.

**234**- L'article 39-1 1° du CGI subordonne la déduction de la rémunération à son caractère non excessif et à un travail effectif. Ce dernier élément ne soulève en général pas trop de problèmes pour les dirigeants. Il n'en va pas de même pour le caractère excessif d'autant plus qu'il est difficile de dégager de la jurisprudence des véritables critères, tant les solutions dépendent des circonstances de chaque affaire.

**235**- On peut cependant dégager deux idées :

– l'administration doit comparer cette société avec des entreprises similaires ;

– il faut, par ailleurs, prendre en compte des éléments intrinsèques à l'entreprise comme l'ampleur des missions exercées, l'importance de l'entreprise, l'évolution du chiffre d'affaires, le rapport existant entre la rémunération du dirigeant et le bénéfice[1]...

Ce sera, le plus souvent, lorsque la rémunération représentera une part importante du chiffre d'affaires ou que le dirigeant aura été inactif que sa rémunération pourra être qualifiée d'excessive, sous le contrôle du juge de l'impôt.

L'excès de la rémunération est considéré comme un revenu distribué par l'article 111 d du CGI. Cette solution s'applique que le dirigeant soit ou non associé au capital de la société.

## 3 – Le report déficitaire

**236-** Deux formes de report existent : en avant ou en arrière.

### A – Le report en avant

**237-** En cas de déficit subi pendant un exercice, ce déficit est considéré, pour l'assiette de l'impôt sur les sociétés, comme une charge de l'exercice suivant et déduit du bénéfice réalisé au titre de cet exercice selon les alinéas 3 et 4 de l'article 209. I du CGI. Si ce bénéfice n'est pas suffisant pour que la déduction soit opérée intégralement, l'excédent de déficit est reporté successivement sur les exercices suivants sans limitation de durée.

**■ Exemple**

La société Martin a réalisé un déficit fiscal au titre de l'exercice 2003 d'un montant de 10 000 €.

Ce déficit n'est pas perdu. Il est imputé sur le bénéfice de l'exercice 2004 de la manière suivante :

| | |
|---|---|
| ■ Résultat fiscal avant imputation du déficit 2003 | 10 000 |
| ■ Imputation du déficit 2003 | 6 000 |
| ■ Résultat 2004 après imputation du déficit 2003 | 4 000 |

C'est le bénéfice après imputation du déficit 2003 qui est la base imposable au titre l'exercice clos en 2004.

1. V. CE, 23 janvier 2002, req. n° 216.733, Sté Protec : *Dr. fisc.* 2002, n° 18-19, comm. 19382, concl. S. Austry.

**238-** Ces déficits ne sont susceptibles d'être reportés qu'au sein de l'entreprise qui les a subis. C'est la règle dite « **de l'identité d'entreprise** ».

En effet, le changement d'objet ou d'activité réelle d'une société entraîne, en principe, la cessation d'entreprise. Mais il faut que le changement soit profond. Sont ainsi constitutifs d'un changement d'activité le changement de branche d'activité[1], le passage d'une activité de production à une activité de commercialisation[2]. En revanche, de simples modifications affectant l'importance de la place tenue par un secteur d'activité par rapport aux autres au sein de l'entreprise ou la mise en location-gérance d'un fonds de commerce ne constituent pas fiscalement un changement d'activité.

> **■ Remarques pratiques**
> C'est ainsi que lorsque deux sociétés fusionnent, c'est la société déficitaire qui absorbera la société bénéficiaire pour éviter de perdre les déficits.

### B – Le report en arrière

**239-** Ce système prévu à l'article 220 *quinquies* du CGI permet aux entreprises d'**opter** pour le report en arrière du déficit constaté à la clôture d'un exercice sur les bénéfices des trois exercices précédant l'exercice déficitaire. Cette imputation fait naître une créance sur le Trésor correspondant à l'excédent d'impôt antérieurement versé, créance remboursable au terme d'un délai de cinq ans si elle n'est pas utilisée dans ce délai au paiement de l'impôt. La créance est égale au produit du déficit imputé par le taux normal de l'impôt applicable à l'exercice déficitaire.

## 4 – L'article 209 B du CGI

**240-** L'article 209 B du CGI prévoit que les entreprises françaises sont imposées à l'impôt sur les sociétés sur les bénéfices réalisés par leurs filiales ou leurs établissements établis hors de France et soumis à un régime fiscal privilégié. Une entreprise est soumise à un régime à fiscalité privilégiée lorsqu'elle est assujettie à un impôt inférieur de plus de la moitié à l'impôt dont elle aurait été redevable dans les conditions de droit commun si elle avait été établie en France.

1. CE, 3 février 1989, req. n° 65589 : *RJF* 3/1989, n° 285.
2. CE, 8 février 1991, req. n° 75459 : *RJF* 3/1991, n° 270.

### A – Le champ d'application

**241-** L'imposition prévue à l'article 209 B du CGI vise l'ensemble des sociétés françaises passibles de l'impôt sur les sociétés qui détiennent directement ou indirectement en principe 10 % au moins des actions ou parts d'une société établie dans un État étranger ou un territoire situé hors de France où elle est soumise à un régime fiscal privilégié au sens de l'article 238 A du CGI.

**242-** Depuis l'arrêt « Shneider Electric[1] », le dispositif de l'article 209 B du CGI n'est plus applicable en présence d'une convention fiscale qui ne prévoit pas expressément la possibilité de le mettre en œuvre.

Ce dispositif n'est pas applicable, non plus, lorsque l'entreprise est établie dans un État de la Communauté européenne et que l'exploitation de l'entreprise ou la détention des titres sociaux par l'entreprise française ne peut être regardée comme constitutive d'un montage artificiel dont le but serait de détourner la législation fiscale française.

### B – Les modalités d'application

**243-** La nouvelle rédaction de l'article 209 B du CGI qualifie les bénéfices de l'entreprise étrangère comme des revenus réputés distribués au profit de la société française.

**244-** En application de la jurisprudence du Conseil d'État, notamment l'arrêt « SA Bank Polska[2] », ces revenus réputés distribués relèvent de la clause balai des conventions qui traite des revenus non dénommés, pour lesquels l'imposition est généralement attribuée à l'État de résidence du bénéficiaire, c'est-à-dire la France.

### C – L'exception à l'imposition instituée à l'article 209 B

**245-** L'imposition instituée par l'article 209 B du CGI n'est pas applicable si la personne morale française établit que les opérations de la société étrangère n'ont pas principalement pour effet de permettre la localisation de bénéfices dans un État ou un territoire où elle est soumise à un régime fiscal privilégié.

**246-** La preuve est considérée comme établie lorsque la société établie hors de France a principalement une activité industrielle ou commerciale effective et qu'elle réalise ses opérations de façon prépondérante sur le marché local.

---

1. CE, 28 juin 2002, req. n° 232276 : *Dr. fisc.* 2002, n° 36, comm. 657.
2. CE, 31 janvier 2001, req. n° 199.543 : *RJF* 4/2001, n° 489.

# SECTION III – L'établissement de l'impôt

**247-** Nous verrons dans un premier temps les modalités d'imposition des sociétés soumises à l'impôt sur les sociétés. Cela nous conduira à évoquer le calcul de l'impôt que l'entreprise devra acquitter.

## 1 – Les modalités d'imposition

**248-** L'étude des modalités d'imposition implique l'examen des déclarations que l'entreprise doit souscrire auprès du service des impôts compétent et des autres obligations.

### A – Les déclarations et les documents annexes

**249-** La déclaration de résultat doit intervenir en principe dans les trois mois qui suivent la clôture de l'exercice. Ce délai ne s'applique pas pour les sociétés dont l'exercice comptable correspond à l'année civile. Celles-ci ont jusqu'au 30 avril de l'année suivante pour la déposer. Ce délai ne s'applique pas également en cas de cessation d'entreprise puisque ces sociétés ont 60 jours pour déposer leur déclaration à compter de cette date.

**250-** Cette déclaration établie sur un imprimé numéro 2065 est à déposer auprès du service des impôts territorialement compétent. Certaines sociétés sont tenues de souscrire leurs déclarations par voie électronique. Les grandes sociétés doivent, quant à elles, souscrire leurs déclarations fiscales auprès de la Direction des grandes entreprises.

Les sociétés qui relèvent, soit du régime réel normal d'imposition, soit du régime réel simplifié, doivent joindre à cette déclaration les tableaux comptables et fiscaux, ainsi que le relevé des frais généraux.

### B – Les autres obligations des sociétés

**251-** Conformément aux dispositions de l'article 223 *quater* du CGI, les sociétés et les personnes morales passibles de l'impôt sur les sociétés, à l'exception des personnes morales sans but lucratif visées à l'article 206-5 du CGI, qui, directement ou indirectement, possèdent des biens ou droits générateurs des dépenses et charges visées à l'article 39-4 du CGI et relatives à l'exercice de la chasse, ou de la pêche, ou à la détention de résidences de plaisance ou d'agrément, doivent faire apparaître distinctement en comptabilité ces dépenses et ces charges, quelle que soit la forme sous laquelle elles les supportent.

**252-** Les entreprises doivent soumettre chaque année à l'approbation de l'assemblée générale ordinaire, le montant global de ces dépenses, ainsi que celui de l'impôt supporté à raison de ces charges.

## 2 – Le calcul de l'impôt

**253-** Les sociétés sont en principe soumises au taux de 33.33 % pour le résultat ordinaire, le taux étant de 15 % pour les plus-values à long terme. Pour les redevables ayant réalisé un chiffre d'affaires de moins 7 630 000 €, le taux de l'impôt applicable au bénéfice imposable est fixé, dans la limite de 38 120 €, à 15 %. Ce dispositif est subordonné au fait que le capital de la société soit entièrement libéré et détenu de manière continue pour 75 % au moins par des personnes physiques ou par une société répondant aux mêmes conditions dont le capital est détenu, pour 75 % au moins par des personnes physiques. Le législateur a ainsi instauré une dose de progressivité à l'impôt sur les sociétés qui était auparavant un impôt strictement proportionnel.

**■ Exemple**

La société Michel qui est détenue par la famille Martin a réalisé un bénéfice fiscal de 58 000 € au titre de l'exercice 2004.

Les modalités de calcul de l'impôt sont les suivantes.

Dans la limite de 38 120 €, le taux d'imposition est de 15 %. Le montant de l'impôt est alors de 5 718 €.

De cette limite de 38 120 € jusqu'à la somme de 58 000 €, soit 19 880 €, le taux d'imposition est de 33.33 %. Le montant de l'impôt est de 6 626 €.

Le montant total de l'impôt à payer s'établit à la somme de 12 344 €

**254-** Les personnes morales sont assujetties à une contribution additionnelle prévue par l'article 235 ter ZA du CGI au taux de 1,5 % pour les exercices clos en 2005. À cette contribution, s'ajoute pour les entreprises dont le montant de l'impôt excède 763 000 € une contribution sociale de 3,3 % prévue par l'article 235 *ter* ZC du CGI.

## 3 – Le paiement de l'impôt

**255-** Le paiement de l'impôt s'effectue par anticipation au moyen de quatre acomptes auprès du service des impôts territorialement compétent ou du comptable de la Direction des grandes entreprises.

**256-** Les acomptes sont calculés à partir d'un bénéfice de référence. Cependant, comme l'exigibilité du premier acompte intervient à une date où le bénéfice de l'exercice précédent n'a pas encore été déclaré, cet acompte fait l'objet d'un calcul provisoire d'après le bénéfice de référence de l'avant-dernier exercice. La régularisation intervient lors du deuxième acompte. Chaque acompte correspond au quart de l'impôt déterminé à partir du bénéfice de référence.

L'article 1 de la loi de finances rectificative pour 2005 a introduit deux aménagements au profit des sociétés nouvellement créées et en cas d'amélioration des résultats pour les grandes entreprises

**257-** Lorsque l'impôt à payer excède le montant des acomptes, le solde doit être versé au plus tard quinze jours après l'expiration du délai légal de dépôt de la déclaration de résultat. À ce moment-là, les crédits d'impôt deviennent imputables, si la société n'avait pas reçu l'autorisation du service administratif de les utiliser pour le paiement des acomptes. À l'inverse, lorsque le montant des acomptes excède le total de l'impôt dû, le surplus est remboursé par l'État dans les trente jours suivant la remise du bordereau-avis de liquidation au service administratif.

**CAS PRATIQUE DE SYNTHÈSE**

# L'IMPÔT SUR LES SOCIÉTÉS

La société Martin qui a été créée en août 2003 a réalisé au cours de l'exercice clos le 31 décembre 2004 un déficit comptable d'un montant de 10 000 €.

Certaines charges déductibles sur le plan comptable ne le sont pas en application des règles fiscales. Elles doivent être réintégrées sur l'imprimé 2058 A dès lors que la société est soumise au régime réel normal d'imposition.

À ce titre, elle doit, tout d'abord, réintégrer le montant excédentaire de l'annuité de l'amortissement pratiqué sur un véhicule de tourisme d'une puissance fiscale de 7 chevaux fiscaux.

Elle a acquis le 1er janvier 2004 un véhicule de tourisme d'un prix TTC de 25 000 €.

Sur le plan comptable, l'annuité se calcule de la manière suivante :

25 000 x 25 % x 273/365 = 4 674

Ce montant a été pris en compte dans la détermination du résultat comptable.

Le législateur ayant refusé la déduction intégrale pour les véhicules d'une valeur supérieure à 18 300 €, il convient de calculer le montant à réintégrer fiscalement :

(25 000 – 18 300) x 25 % x 273/365 = 1 252

La société doit réintégrer ce montant à la ligne WE du tableau 2058 A.

Par ailleurs, l'article 1010 du CGI dispose que :

« *Les véhicules immatriculés dans la catégorie des voitures particulières, possédés ou utilisés par les sociétés, sont soumis à une taxe annuelle non déductible pour l'établissement de l'impôt sur les sociétés et dont le montant est fixé à :*

*a. 1 130 € pour les véhicules dont la puissance fiscale n'excède pas 7 CV ;*

*b. 2 440 € pour les autres véhicules.*

*La taxe n'est toutefois pas applicable aux véhicules destinés exclusivement soit à la vente, soit à la location de courte durée, soit à l'exécution d'un service de transport à la disposition du public, lorsque ces opérations correspondent à l'activité normale de la société propriétaire.* »

Il faut savoir que la période d'imposition de cette taxe annuelle va du 1er octobre au 30 septembre, et que cette taxe est liquidée par trimestre civil, en fonction du nombre et de la puissance fiscales des véhicules possédés ou utilisés au premier jour du trimestre par la personne morale redevable de la taxe.

La société ayant été propriétaire du véhicule du 1er janvier au 30 septembre 2004, elle doit acquitter la taxe calculée de la manière suivante :

| | |
|---|---|
| *Tarif* | *1 130 euros* |
| *Nombre de trimestres* | *3 trimestres* |
| *Montant de la taxe* | *3 390 euros* |

Cette taxe doit être réintégrée au résultat comptable en application de l'article 213 du CGI à la ligne WG du tableau 2058 A.

En conclusion, la société doit réintégrer à son résultat comptable les éléments suivants pour obtenir son résultat fiscal :

| | |
|---|---|
| *Résultat comptable* | *-10 000* |
| *Amortissement excédentaire* | *1 252* |
| *Taxe sur les véhicules de tourisme* | *3 390* |
| *Résultat fiscal* | *-5 358* |

Ce déficit fiscal est reportable en avant sur le résultat de l'exercice suivant. L'entreprise doit l'indiquer sur l'imprimé 2058 B.

@ internet - DGI

cerfa N° 10951 * 07
Formulaire obligatoire (article 53 A du Code général des impôts)

⑨ DÉTERMINATION DU RÉSULTAT FISCAL

D.G.I. N° 2058-A (2005) 5

Désignation de l'entreprise : SOCIETE MARTIN — Néant ☐ * — Exercice N, clos le : 31122004

| | | |
|---|---|---|
| **I. RÉINTÉGRATIONS** — BÉNÉFICE COMPTABLE DE L'EXERCICE | WA | |
| Rémunération du travail (entreprises à l'IR) — de l'exploitant ou des associés | WB | |
| Rémunération du travail — de son conjoint … moins part déductible* … à réintégrer : | WC | |
| *Charges non admises en déduction du résultat fiscal* — Avantages personnels non déductibles * (sauf amortissements à porter ligne ci-dessous) | WD | |
| Amortissements excédentaires (art. 39-4 du C.G.I.) et autres amortissements non déductibles | WE | 1252 |
| Autres charges et dépenses somptuaires visées à l'art. 39-4 du C.G.I.* | WF | |
| Taxe sur les voitures particulières des sociétés (entreprises à l'IS) | WG | 3390 |
| Provisions et charges à payer non déductibles (cf. tableau 2058-B, cadre III)* | WI | |
| Amendes et pénalités (nature : ……) | WJ | |
| Impôt sur les sociétés et imposition forfaitaire annuelle (entreprises à l'IS)* | WK | |
| Quote-part dans les bénéfices réalisés par une société de personnes ou un G.I.E.* | WL | |
| *Régimes d'imposition particuliers et impositions différées* — Moins-values nettes à long terme | WM | |
| Fraction imposable des plus-values réalisées au cours d'exercices antérieurs* — Plus-values nettes à court terme | WN | |
| Fraction imposable des plus-values réalisées au cours d'exercices antérieurs* — Plus-values soumises au régime des fusions | WO | |
| Écarts de valeurs liquidatives sur OPCVM* (entreprises à l'IS) | XR | |
| Réintégrations diverses à détailler sur feuillet séparé (dont : Intérêts excédentaires (art. 39-1-3° et 212 du C.G.I.) SU … Zones d'entreprises* (activité exonérée) SW …) | WQ | |
| TOTAL I | WR | 4642 |
| **II. DÉDUCTIONS** — PERTE COMPTABLE DE L'EXERCICE | WS | 10000 |
| Quote-part dans les pertes subies par une société de personnes ou un G.I.E.* | WT | |
| Provisions et charges à payer non déductibles, antérieurement taxées, et réintégrées dans les résultats comptables de l'exercice (cf. tableau 2058-B, cadre III) | WU | |
| *Régimes d'imposition particuliers et impositions différées* — Plus-values nettes à long terme — imposées aux taux de 19 % ou 15 % (16 % pour les entreprises soumises à l'impôt sur le revenu)* | WV | |
| Plus-values nettes à long terme — imputées sur les moins-values nettes à long terme antérieures | WW | |
| Plus-values nettes à long terme — imputées sur les déficits antérieurs WX … imputées sur les A.R.D. (à reporter au tableau 2058-B, ligne 8P) WY … | XB | |
| Fraction des plus-values nettes à court terme de l'exercice dont l'imposition est différée* | WZ | |
| Régime des sociétés mères et des filiales * Produit net des actions et parts d'intérêts : (quote-part des frais et charges restant imposable, à déduire des produits nets de participations) | XA | |
| *Mesures d'incitation* — Déduction autorisée au titre des investissements réalisés dans les collectivités d'Outre-mer* | ZY | |
| Majoration d'amortissement* | XD | |
| Abattement sur le bénéfice et exonérations (entreprises nouvelles* (art. 208 sexies et quater A, 44 sexies et 44 septies) SX … Jeunes entreprises innovantes (art. 44 sexies OA) (Pôle de compétitivité (art. 44 undecies)) K2 … Zone franche Corse (art. 44 decies) ØT … Zone franche urbaine (art. 44 octies) ØV … Sociétés d'investissements immobiliers cotées (art. 208 C) K3 …) | XF | |
| Écarts de valeurs liquidatives sur OPCVM* (entreprises à l'IS) | XS | |
| Déductions diverses à détailler sur feuillet séparé (dont créance dégagée par le report en arrière du déficit* (entreprises à l'IS) ZI …) | XG | |
| **III. RÉSULTAT FISCAL** — TOTAL II | XH | 10000 |
| Résultat fiscal avant imputation des déficits reportables et des amortissements réputés différés : bénéfice (I moins II) XI | | |
| Résultat fiscal avant imputation des déficits reportables et des amortissements réputés différés : déficit (II moins I) | XJ | 5358 |
| Déficit de l'exercice reporté en arrière (entreprises à l'IS) ZL | | |
| Amortissements réputés différés créés au titre de l'exercice (à reporter au tableau 2058-B, ligne 8S)* (1) XK | | |
| Déficits antérieurs imputés sur les résultats de l'exercice (entreprises à l'IS) (à détailler au tableau 2058-B, cadre I-A, lignes XU à YF) | XL | |
| Amortissements réputés différés imputés à la clôture de l'exercice (à reporter au tableau 2058-B, ligne 8R) | XM | |
| RÉSULTAT FISCAL — BÉNÉFICE (ligne XN) XN … ou DÉFICIT reportable en avant (ligne XO) | XO | 5358 |

* Des explications concernant cette rubrique sont données dans la notice n° 2032.
(1) La création d'ARD demeure possible au titre des seuls exercices ouverts avant le 1er janvier 2004.

1er EXEMPLAIRE DESTINÉ À L'ADMINISTRATION

N° 2058A - IMPRIMERIE NATIONALE — Février 2005 - 4 01501 1

**Document C**

@ internet - DGI

cerfa N° 10952 * 07

Formulaire obligatoire (article 53 A du Code général des impôts)

(10)

# DÉFICITS, INDEMNITÉS POUR CONGÉS A PAYER ET PROVISIONS NON DÉDUCTIBLES

D.G.I. N° 2058-B (2005) 5

Désignation de l'entreprise SOCIETE MARTIN — Néant ☐ *

## I. SUIVI DES DÉFICITS ORDINAIRES ET DES AMORTISSEMENTS RÉPUTÉS DIFFÉRÉS

A – Déficits ordinaires : déficits reportables autres que ceux correspondant à des amortissements réputés différés en période déficitaire.

| | Date de clôture des 5 derniers exercices (1) | Déficits imputables (2) | Déficits imputés (ligne XL du 2058-A) (1) * (3) | Déficits reportables col. 2 – col. 3 (4) |
|---|---|---|---|---|
| N-5 | | XT | XU | K1 ** |
| N-4 | | XV | XW | XX |
| N-3 | | XY | XZ | YA |
| N-2 | | YB | YC | YD |
| N-1 | | YE | YF | YG |
| TOTAL | | YH | YI | |

(1) Et, le cas échéant, ligne WX du 2058 A.

| | | |
|---|---|---|
| Déficit de l'exercice (tableau 2058-A, ligne XO) * | YJ | 5358 |
| **TOTAL des déficits restant à reporter** (lignes K1 à YJ) | YK | 5358 |

B – Amortissements réputés différés (Ne concerne que les exercices ouverts avant le 1er janvier 2004)
Dotations de l'exercice susceptibles d'être admises au régime des amortissements réputés différés * — 8N 0

| | | |
|---|---|---|
| Amortissements réputés différés, reportables au titre des exercices antérieurs | YL | 0 |
| Imputations opérées à la clôture de l'exercice : sur la plus-value nette à long terme (tableau 2058-A ligne WY) | 8P | |
| Imputations opérées à la clôture de l'exercice : sur le résultat de l'exercice (tableau 2058-A ligne XM) | 8R | |
| Amortissements réputés différés, créés au titre de l'exercice (tableau 2058-A ligne XK)* (Ne concerne que les exercices ouverts avant le 1er janvier 2004) | 8S | |
| Amortissements réputés différés restant à reporter * | YM | 0 |

## II. INDEMNITÉS POUR CONGÉS A PAYER, CHARGES SOCIALES ET FISCALES CORRESPONDANTES

| | | |
|---|---|---|
| Montant déductible correspondant aux droits acquis par les salariés pour les entreprises placées sous le régime de l'article 39-1. 1e bis Al. 1er du CGI, dotations de l'exercice | ZT | |

## III. PROVISIONS ET CHARGES A PAYER, NON DÉDUCTIBLES POUR L'ASSIETTE DE L'IMPÔT

| (à détailler sur feuillet séparé) | Dotations de l'exercice | Reprises sur l'exercice |
|---|---|---|
| Indemnités pour congés à payer, charges sociales et fiscales correspondantes non déductibles pour les entreprises placées sous le régime de l'article 39-1. 1e bis Al. 2 du CGI * | ZV | ZW |
| Provisions pour risques et charges * | | |
| | 8X | 8Y |
| | 8Z | 9A |
| | 9B | 9C |
| Provisions pour dépréciation * | | |
| | 9D | 9E |
| | 9F | 9G |
| | 9H | 9J |
| Charges à payer | | |
| | 9K | 9L |
| | 9M | 9N |
| | 9P | 9R |
| | 9S | 9T |
| TOTAUX (YN = ZV à 9S) et (YO = ZW à 9T) à reporter au tableau 2058-A : | YN ↓ ligne WI | YO ↓ ligne WU |

* Des explications concernant cette rubrique sont données dans la notice n° 2032.
** Cette case est à servir pour les déclarations afférentes aux exercices ouverts à compter du 1er janvier 2004.

1er EXEMPLAIRE DESTINÉ A L'ADMINISTRATION

Février 2005 - 4 015012 1

N° 2058-B - IMPRIMERIE NATIONALE

**Document D**

CHAPITRE 6

# LES SOCIÉTÉS DE PERSONNES

**258-** Ces sociétés correspondent principalement aux sociétés en nom collectif. Elles ont une existence juridique à cause de leur immatriculation au registre du commerce et des sociétés et, même fiscale, sans avoir, pour autant, la qualité de contribuable et de redevable. Seuls les associés ont cette qualité. Cela signifie que les résultats déterminés, déclarés et vérifiés au niveau de la société sont imposés au nom des associés pour la quote-part qui leur revient.

**259-** Ce régime présente, à la fois, des avantages et des inconvénients.

**Avantages :**

– Ce régime permet d'éviter une double imposition des bénéfices. En effet, dans ce régime, le bénéfice social est imposé au nom des associés dès sa réalisation, les distributions de bénéfices ne sont pas imposées.

– S'ils relèvent de l'impôt sur le revenu, les déficits sociaux sont imputables sur les autres revenus des associés.

– Les associés bénéficient de l'abattement de 20 % sur leur quote-part de résultat s'ils sont adhérents à un CGA ou une AGA pour l'imposition 2006. A compter de l'imposition 2007 des revenus de l'année 2006, l'associé qui ne sera pas adhérent se verra appliquer une majoration de 25 % du montant de sa quote-part de bénéfice.

**Inconvénients :**

– L'inconvénient principal provient de la responsabilité illimitée des associés.

– Les associés dirigeants n'ont pas la qualité de salarié et leur éventuelle rémunération n'est pas déductible des résultats. Ils sont imposés sur une quote-part du bénéfice.

## SECTION I – Le champ d'application

**260-** Le champ du régime de la semi-transparence s'étend à certaines sociétés mentionnées à l'article 8 du CGI :

– les sociétés en nom collectif ;

– les sociétés en commandite simple pour la part de bénéfices revenant aux associés commandités, la part de bénéfices correspondant aux droits des commanditaires étant soumise à l'impôt sur les sociétés au nom de la société ;

– les sociétés civiles, sauf lorsqu'elles se livrent à des opérations de nature commerciale ;

– les sociétés en participation pour les membres qui sont indéfiniment responsables et dont les noms et adresses ont été communiqués à l'administration. Dans le cas contraire, la part de bénéfices revenant aux associés est passible de l'impôt sur les sociétés ;

– les entreprises unipersonnelles à responsabilité limitée dont l'associé unique est une personne physique. Si l'associé unique est une personne morale, l'EURL est assujettie à l'impôt sur les sociétés ;

– les entreprises agricoles à responsabilité limitée formées entre les membres d'une même famille ou constituées entre l'apporteur d'une exploitation agricole et un agriculteur en voie d'installation ;

– les sociétés à responsabilité limitée à caractère familial ayant une activité industrielle, commerciale, artisanale ou agricole, constituées uniquement entre parents en ligne directe ou entre frères et sœurs et qui ont opté en faveur du régime fiscal des sociétés de personnes (article 239 *bis* A du CGI).

**261-** D'autres dispositions du CGI assimilent des groupements et des sociétés aux entités visées à l'article 8 du CGI :

– les groupements d'intérêt économique et les groupements européens d'intérêt économique (articles 239 *quater* et 239 *quater* C du CGI) ;

– les groupements d'intérêt public (article 239 *quater* B du CGI) ;

– les sociétés de fait, traitées comme les sociétés en participation (article 238 *bis* L du CGI) ;

– les copropriétés de navires ou quirats (article 8 *quater* du CGI) ;

– les sociétés civiles de moyens et sociétés civiles professionnelles ;

– les sociétés de construction vente (article 239 *ter* du CGI) ;

– dans les indivisions, les copropriétaires sont considérés comme coexploitants et imposés dans la catégorie fiscale correspondant à la nature de l'activité, au prorata de leurs droits, dès qu'ils en ont reçu les fruits.

## SECTION II – L'imposition du bénéfice social

**262-** L'imposition du bénéfice suppose sa détermination puis sa répartition.

## 1 – La détermination du bénéfice social

**263-** Le résultat imposable des sociétés de personnes est déterminé selon les modalités qui tiennent compte de la qualité des associés.

**264-** Il y a **règle générale** prévue à l'article 60 du CGI, selon laquelle le résultat imposable est déterminé dans les conditions prévues pour les exploitants individuels.

Le résultat est déterminé globalement au niveau de la société selon la nature de l'activité en appliquant les règles des bénéfices industriels et commerciaux, des bénéfices non commerciaux, des bénéfices agricoles, ou des revenus fonciers et en fonction du montant de ses recettes, en ce qui concerne le régime d'imposition.

**■ Exemple**

La SCI La Fontaine qui loue un immeuble moyennant un loyer mensuel de 1 000 € a deux associés, M. Martin et la SA Poullain, chacun détenant 50 % du capital.

Le bien immobilier a été acquis au prix de 100 000 €, le terrain représentant 10 % du prix.

Au cours de l'année 2004, la SCI a perçu les loyers des six premiers mois de l'année. Le locataire qui éprouve des difficultés financières a obtenu le report du paiement du second semestre au 31 mars 2005, bien que le loyer ait été facturé.

Le résultat de la SCI qui a une activité de location immobilière est déterminé en application des règles prévalant en revenus fonciers, c'est-à-dire d'après une comptabilité de caisse.

| | |
|---|---|
| ■ Recettes locatives | 6 000 € |
| ■ Charges | 840 € |
| ■ Résultat social | 5 160 € |

À défaut d'autres charges, le montant des charges correspond au pourcentage de déduction forfaitaire de 14 % qui prend en compte les frais de gestion et d'assurances, ainsi que l'amortissement.

**265-** Il y a **trois exceptions** énoncées à l'article 238 *bis* K I du CGI :

– Lorsque l'associé de la société est une entreprise individuelle, commerciale, artisanale ou agricole relevant de l'impôt sur le revenu et placée de plein droit sous un régime de bénéfice réel, la part du bénéfice de cet associé est déterminée d'après les règles qui lui sont propres (BIC ou Bénéfice Agricole), et non d'après les règles applicables à la société si elles sont différentes.

– Lorsque l'associé est lui-même une société de personnes ayant pour activité la gestion de son propre patrimoine mobilier ou immobilier, ou exerçant une activité agricole à raison de laquelle elle relève du régime du forfait ou du régime simplifié d'imposition sur option, la part du bénéfice est déterminée en application des règles relevant de l'IS-BIC.

– Lorsque l'associé de la société est une société soumise à l'impôt sur les bénéfices, la quote-part lui revenant est déterminée selon les règles applicables aux BIC, quelle que soit la nature de l'activité exercée.

**■ Exemple**

Dans l'exemple précédent, le résultat social a été déterminé en application des règles prévalant en revenus fonciers, c'est-à-dire d'après une comptabilité de caisse.

Maintenant, pour déterminer la part revenant à l'associé personne morale, il faut appliquer les modalités particulières prévues à l'article 238 *bis* K I du code.

La part revenant à la SA Poullain doit être déterminée en appliquant la règle des créances acquises et des dettes certaines.

| | |
|---|---|
| ■ Produits locatifs | 12 000 € |
| ■ Charges | 4 500 € |
| ■ Résultat social | 7 500 € |

Les produits comprennent l'intégralité des loyers facturés. Une provision n'est pas envisageable dès lors qu'il ne s'agit que d'une simple facilité de paiement qui a été accordée au client. Il n'y a pas de véritable doute sur sa solvabilité.

Les charges correspondent à l'amortissement de la construction au taux de 5 %.

**266-** Ces règles peuvent conduire à déterminer un montant de recettes différent selon la nature de l'activité en raison des règles de rattachement (créances acquises pour les BIC et recettes encaissées pour un revenu foncier), et donc à un bénéfice différent, bien que les associés possèdent un nombre de parts équivalent.

**■ Exemple**

Si l'on reprend les deux exemples précédents, la quote-part de bénéfice de M. Martin est déterminée à partir du résultat social calculé en application des règles prévalant en revenus fonciers.

La quote-part s'établit alors à 50 % de 5 160 €, soit 2 580 €.

La quote-part de la SA Poullain s'établit à 50 % de 7 500 €, bénéfice déterminé en application des règles prévalant à l'impôt sur les sociétés, soit 3 750 €.

## 2 – La répartition du bénéfice social

### A – La règle générale

**267-** La répartition du résultat social entre les associés s'effectue, en principe, proportionnellement à leurs droits dans le capital social. Les associés peuvent prévoir une répartition différente du résultat dans un acte antérieur à la clôture de l'exercice[1].

Le montant de la quote-part de chaque associé tient compte du résultat social, des rémunérations qui leur sont allouées, ainsi que des avantages particuliers, s'il y a lieu.

**■ Exemple**

La société Giraud a deux associés A et B qui possèdent chacun 50 % du capital. La société a versé une rémunération de 10 000 € à A et une rémunération de 30 000 € à B. La société a réalisé un résultat de 20 000 € avant réintégration des rémunérations.

- Calcul de la part revenant à A :

  10 000 € + (20 000 € x 50 %) = 20 000

- Calcul de la part revenant à B :

  30 000 € + (20 000 € x 50 %) = 40 000

### B – Quelques précisions

#### 1 – En cas de retrait d'un associé

**268-** En cas de départ d'un associé en cours d'exercice à la suite d'une cession ou d'un rachat de ses parts, une répartition des résultats *prorata temporis* entre les actuels associés et les cédants n'est pas opposable à l'administration pour l'assiette de l'impôt et l'intégralité des résultats est imposée au nom des seuls associés présents à la clôture de l'exercice.

**269-** En revanche, les associés peuvent aménager la répartition du bénéfice par convention et attribuer la part du bénéfice réalisé avant la cession aux associés cédants.

#### 2 – En cas de démembrement du droit de propriété des titres sociaux

**270-** Lorsque la propriété des parts sociales est démembrée entre un nu-propriétaire et un usufruitier, il faut déterminer qui est contribuable à raison de la quote-part.

1. CE, 26 avril 1976, req. n° 93.212 : *RJF* 6/1976, n° 272.

En principe, l'usufruitier est tenu de mentionner la quote-part du bénéfice courant sur sa déclaration de revenus, le nu-propriétaire s'en trouvant exonéré. Cela signifie que l'usufruitier reçoit une partie du bénéfice courant de la société, tandis que le nu-propriétaire profite des plus-values de cession de l'actif immobilisé.

Quant aux déficits, selon l'administration, ils doivent être exclusivement transmis au nu-propriétaire qui est tenu en sa qualité d'associé à une responsabilité illimitée des dettes sociales.

L'usufruitier et le nu-propriétaire peuvent aménager une autre répartition des résultats, soit dans les statuts, soit dans une convention spécifique conclue et enregistrée avant la clôture de l'exercice pour être opposable à l'administration.

En revanche, en présence d'une convention de quasi-usufruit, l'usufruitier est redevable de l'impôt à raison des bénéfices courants et des bénéfices exceptionnels[1].

#### 3 – Les charges personnelles

271- Il faut distinguer les charges propres à la société et celles qui se rattachent à la personne des associés, telles que les cotisations sociales, les frais de transport du domicile au lieu de travail. Ces dernières charges ne sont, en toute hypothèse, pas déductibles du résultat social.

272- Ces charges deviennent déductibles de la part de résultat revenant à l'associé dès lors que les droits constituent un actif professionnel personnel et que ces dépenses incombent personnellement à l'associé, qu'elles présentent le caractère de dépense déductible dans le cadre d'une entreprise individuelle et qu'elles n'aient pas été prises en compte pour la détermination du résultat social. Sinon, elles seraient déduites deux fois, la première au niveau de la détermination du résultat social, la seconde lors du calcul de la quote-part de l'associé.

### 3 – L'assujettissement à l'impôt

273- Le résultat d'une société de personnes n'est pas imposé à son nom mais au nom des associés en proportion de leurs droits. Ceux-ci doivent intégrer une quote-part du résultat social dans leur revenu imposable, sans attendre une éventuelle distribution des bénéfices. Les associés résidents fiscalement à l'étranger sont imposables en France sur leur quote-part dans la mesure où la

1. CE, 18 décembre 2002, req. n° 230.605 : *RJF* 3/2003, n° 328.

société exerce son activité sur le territoire national, sauf si la convention fiscale applicable en dispose autrement[1].

**274-** Dans l'hypothèse où la société de personnes est déficitaire, le déficit s'impute sur le revenu global si l'associé y exerce son activité professionnelle. L'éventuel déficit d'une société de personnes dans laquelle l'associé n'a aucune activité professionnelle, n'est imputable que sur les bénéfices de même nature dans la limite de 6 ans pour les sociétés créées depuis le 1er janvier 1996 selon l'article 156, I 1 *bis* du CGI. Le législateur entendait ainsi supprimer un cas d'évasion fiscale.

**275-** Les sociétés de personnes qui exercent une activité industrielle, commerciale, agricole ou non commerciale, sont tenues aux mêmes obligations que celles qui s'imposent aux exploitants individuels. Elles doivent produire une déclaration de bénéfices faisant apparaître les résultats d'ensemble ainsi que les rémunérations et parts de bénéfice réparties entre les associés.

## SECTION III – Le régime des droits sociaux

**276-** Deux hypothèses doivent être distinguées selon l'identité de l'associé : des régimes différents d'imposition existent si l'associé est une personne physique ou une entreprise.

### 1 – Les droits sociaux détenus par une personne physique

#### A – En présence d'une activité professionnelle exercée par l'associé

**277-** Dans l'hypothèse d'une cession à titre onéreux, le régime des plus-values professionnelles s'applique, selon les dispositions de l'article 151 *nonies* du CGI, aux cessions de parts détenues par les associés de sociétés de personnes qui exercent une activité professionnelle dans la société.

La plus-value générée par cette cession est susceptible d'être exonérée en application de l'article 151 *septies*[2], ou de l'article 151 *septies* A[3], ou de l'article 238 *quindecies* du CGI[4]. Dans ce dernier cas, les parts détenues sont assimilées à une branche complète d'activité.

1. CE, 9 février 2000, req. n° 178.389 : *RJF* 3/2000, n° 342.
2. V. paragraphe n° 198.
3. V. paragraphe n° 199.
4. V. paragraphe n° 200.

L'article 151 *septies* A issu de la loi de finances pour 2006 prévoit l'exonération de la plus-values générée par la cession de droits ou de parts détenus par un contribuable qui exerce son activité professionnelle dans une société de personnes visées aux articles 8 et 8 *ter* du CGI. Pour que la plus-value soit exonérée, l'entreprise ne doit pas employer plus de deux cent cinquante salariés et réaliser un chiffre d'affaires supérieur à 50 millions d'euros ou avoir un total de bilan supérieur à 43 millions d'euros et l'exploitant doit faire valoir ses droits à la retraite au cours de l'année suivant celle de la cession.

**278-** En cas de transmission à titre gratuit à une personne physique, de droits sociaux considérés comme des éléments d'actif affectés à l'exercice de la profession, la plus-value n'est pas immédiatement imposée si le bénéficiaire de la transmission prend l'engagement de calculer la plus-value réalisée à l'occasion de la cession ou de la transmission ultérieure de ces droits par rapport à leur valeur d'acquisition par le précédent associé, en application de l'article 151 *nonies* II du CGI.

#### B – En l'absence d'activité professionnelle exercée par l'associé

**279-** Le régime d'imposition des plus-values des particuliers s'applique aux gains réalisés par des personnes physiques qui n'exercent pas une activité professionnelle au sein d'une société de personnes. Il en résulte que toutes les plus-values de cession de ces titres sont soumises à l'impôt à un taux identique de 16 %, auquel il faut ajouter les prélèvements sociaux.

Ils ne peuvent pas bénéficier des abattements liés à la durée de détention prévus par l'article 150-0 D *bis* I du CGI.

### 2 – Les droits sociaux détenus par une entreprise

#### A – Le principe d'imposition de la plus-value

**280-** Selon l'article 238 *bis* K I du CGI, lorsque les droits sociaux détenus dans une société de personnes sont cédés par une entreprise, la plus-value de cession des droits sociaux est soumise au régime des plus-values professionnelles si l'entreprise qui détient les droits est une société passible de l'impôt sur les sociétés ou une entreprise industrielle, commerciale, artisanale ou agricole imposable de plein droit selon un régime de bénéfice réel.

**281-** Selon l'article 238 *bis* K II du CGI, dans tous les autres cas, la plus-value de cession des droits sociaux est déterminée en tenant compte de la nature de l'activité et du montant des recettes de la société.

À cet égard, il convient de distinguer deux hypothèses :

– Lorsque la société exerce une activité industrielle, commerciale, artisanale, agricole ou libérale, la plus-value réalisée par l'entreprise membre est soumise au régime des plus-values professionnelles.

– Lorsque la société a pour objet la gestion d'immeubles ou de valeurs mobilières, le régime d'imposition de la plus-value dépend de la nature de l'activité exercée.

### B – Les modalités de calcul de la plus-value

**282-** En général, le montant de la plus-value est égal à la différence entre le prix de vente et le prix de revient. Cette règle simple se complique lorsqu'il s'agit d'une cession de droits sociaux d'une société de personnes : une entreprise qui cède ses parts dans une société de personnes est susceptible de bénéficier d'une double déduction des déficits que lui a transmis la société transparente ou bien, risque inversement de subir une double imposition des bénéfices qu'elle est réputée avoir réalisé.

En effet, si cette entreprise a déduit fiscalement sa quote-part des pertes fiscales de la société de personnes, alors qu'elle n'a pas contribué financièrement à ces pertes, elle constatera une moins-value de cession correspondant à ces déficits. C'est la perspective d'une double déduction. Inversement, si cette entreprise a été imposée sur sa quote-part des bénéfices de la société de personnes, alors que la société n'a pas réparti ces bénéfices intégralement, l'associé constatera une plus-value de cession qui ne correspondra qu'à ces bénéfices non distribués. C'est le risque de double imposition.

**283-** Pour assurer la neutralité de l'application des plus-values de cessions de parts par rapport au régime de transparence fiscale des sociétés de personnes, le Conseil d'État a prescrit par son arrêt SA Établissements Quemener du 16 février 2000[1] d'utiliser un dispositif d'ajustement du prix de revient fiscal des parts consistant à majorer ce prix de revient du montant des bénéfices taxés chez l'associé qui n'ont pas donné lieu à répartition, et/ou à le minorer du montant des déficits que l'associé a déduits sans les avoir pris en charge financièrement. Cette solution a été transposée par le Conseil d'État à l'occasion de son arrêt Barradi[2] aux plus-values réalisées par un simple particulier.

1. Req. n° 133.296 : *RJF* 3/2000, n° 223.
2. 9 mars 2005, req. n° 268.825 : *RJF* 6/2005, n° 564.

# CHAPITRE 7

# LES GROUPES DE SOCIÉTÉS

**284-** Pendant très longtemps, le droit fiscal ne connaissait pas la notion de groupe de sociétés. Il a fallu attendre le 1er janvier 1988 pour voir apparaître un régime optionnel d'intégration fiscale d'application large.

## SECTION I – L'absence de reconnaissance de l'intérêt du groupe en droit fiscal

**285-** Le principe doit être énoncé pour pouvoir envisager les applications.

### 1 – Le principe

**286-** Jusqu'à une époque relativement récente, il n'existait pas dans le CGI de dispositions se référant à la notion de groupe. Le législateur n'avait envisagé la société que de manière isolée. Cela signifiait que chaque société devait recevoir tous les produits auxquels elle avait droit, ainsi que supporter toutes les charges se rattachant à son activité.

**287-** La question de l'intérêt de groupe en droit fiscal est arrivée devant le juge de l'impôt à la suite de redressements notifiés à des sociétés qui avaient minoré leurs produits ou majoré leurs charges au profit de leurs sociétés mères ou de leurs sociétés sœurs ou qui avaient majoré leurs produits ou minoré leurs charges au détriment de leurs sociétés mères ou de leurs sociétés sœurs.

Le commissaire du gouvernement Rivière a ainsi estimé dans ses conclusions sur l'arrêt du Conseil d'État du 26 juillet 1982[1] qu'« *en l'état actuel de la législation, le juge de l'impôt ne peut prétendre bouleverser l'un des éléments fondamentaux du droit fiscal : la détermination des sujets de ce droit et des redevables de chacun des différents impôts. S'écarter de ce critère aboutirait à des conséquences incertaines, sur le point de savoir qui est redevable de quel impôt, sur quelles bases et quand il en est redevable. S'il apparaît souhaitable de prendre davantage en*

1. Req. n° 2533 et 19645 : *Dr. fisc.* 1983, n° 10, comm. 378.

*considération la réalité économique que constituent les groupes de sociétés, c'est au législateur qu'il appartient de le faire en définissant avec précision les conséquences, notamment fiscales, qui doivent en découler. En attendant pareil changement, le juge doit constater que les solidarités économiques existant entre des sociétés trouvent leur limite dans l'autonomie juridique de chacune d'elles, et tirer les conséquences fiscales de cette autonomie* ».

**288-** Dès lors, chacune des sociétés appartenant à un groupe conserve sa personnalité juridique et fiscale, même s'il s'agit d'une filiale à 100 % sous l'entière dépendance économique et financière de la société-mère et, par conséquent, son propre intérêt social. Cette dernière a pris le risque de créer un nouveau sujet de droit juridiquement indépendant, alors qu'elle aurait pu ne créer qu'un simple département sans personnalité propre. Elle doit lui attribuer une juste rémunération pour ses prestations.

## 2 – Les applications

**289-** Il convient de distinguer les transactions commerciales des aides financières.

### A – Les transactions commerciales intergroupe

**290- Ces transactions doivent respecter les prix du marché**. Cette obligation qui a une portée générale s'applique aux sociétés faisant partie d'un groupe au sens juridique. Ainsi chacune d'entre elles doit être en mesure de justifier par des raisons commerciales normales les rabais qu'elle a pu consentir à une société sœur. En respectant cette règle, chaque société échappera à la requalification de ses opérations intragroupe en acte anormal de gestion que l'administration fiscale réintégrerait dans le résultat imposable sans pour autant les déduire du résultat de la société bénéficiaire.

**291-** Cette règle connaît toutefois quelques tempéraments pour la société-mère. Le juge de l'impôt a, en effet, admis qu'elle puisse facturer à prix coûtant des produits ou des services à des filiales[1]. Le cadre redevient rigoureux lorsque ces opérations interviennent entre des sociétés situées dans différents États, en application de l'article 57 du CGI.

### B – Les aides financières

**292-** Elles sont soumises à contrôle par la loi fiscale mais, aussi, par le droit des sociétés. Ainsi, l'aide apportée par une filiale à sa mère est illicite et constitue un acte anormal de gestion. La réciproque n'est pas vraie parce qu'il

1. CE, 24 février 1978 : *Dr. fisc.* 1978, comm. 1212, concl. Rivière.

est de l'intérêt de la mère de veiller à la bonne santé de ses filles. À l'intérieur de ce cadre, c'est le régime des abandons de créances qui est particulièrement contrôlé, en distinguant selon que l'abandon est à caractère commercial ou à caractère financier.

### 1 – L'abandon à caractère commercial

**293-** Il est accordé par une société à une autre dans le dessein de conserver des relations privilégiées. S'il est consenti au sein d'un groupe, ce sont les mêmes caractéristiques qui doivent être constatées pour permettre la déduction de son montant comme charge de la société qui le consent et, corrélativement, son intégration dans les recettes de la société bénéficiaire.

### 2 – L'abandon à caractère financier

**294-** Contrairement aux aides à caractère commercial qui ont pour but de préserver l'existence de clients, les aides financières sont fondées sur la préservation des intérêts financiers unissant deux sociétés dont l'une détient une participation dans l'autre. Dans ce cas, l'assistance sert à préserver le renom de la société participante ou la valeur de ses participations.

**295-** La solution dégagée par le juge de l'impôt[1] et adoptée par la doctrine administrative[2] prévoit le régime suivant pour les aides financières :

– tant que la situation nette de la filiale reste négative, l'aide financière constitue une charge déductible pour la société versante et un profit imposable pour la société qui en bénéficie ;

– dès lors que la situation nette de l'entreprise assistée devient positive, l'aide n'est déductible que si elle n'engendre pas une augmentation de la valeur de la participation de la société versante.

**■ Exemple**

Une société A qui détient 70 % du capital d'une société B dont la situation nette est négative à hauteur de 50 000 € a une créance à son encontre à hauteur de 150 000 €.

À décide d'abandonner sa créance.

Du côté de A, la déduction de la perte est partielle à hauteur de 80 000 € se décomposant de la manière suivante :

– la situation nette négative de B, soit 50 000 ;

– et la fraction du surplus de l'aide correspondant aux droits des autres associés de B : 100 000 x 30 % soit 30 000 €. Le solde qui n'est pas déductible (70 000) est considéré sur le plan fiscal comme un supplément du prix de revient.

1. CE, 30 avril 1980, req. n° 16.253 : *RJF* 6/1980, n° 467.

2. *Documentation de base* 4 A-2153, n° 9.

Du côté de B, seule est imposable la partie de l'aide déductible par la société A. Le surplus de l'aide correspondant à la situation nette positive est considéré comme un supplément d'apport non imposable, à condition que la société aidée s'engage à augmenter son capital d'un montant égal à celui de l'abandon de créances consenti, dans le délai de deux exercices, au profit de la société A, selon l'article 216 A du CGI.

# SECTION II – Le régime de l'intégration fiscale

## 1 – Les conditions d'application du régime

### A – La nationalité et le régime fiscal des sociétés du groupe

**296-** La société-mère dénommée « chef de file », qui opte pour le régime de groupe, doit être française et soumise à l'impôt sur les sociétés dans les conditions de droit commun sur la totalité de ses résultats. Les mêmes conditions sont requises pour les filiales dans le capital desquelles la société-mère détient une participation d'au moins 95 % et qui font partie du périmètre d'intégration.

L'administration a assoupli cette exigence légale dans une instruction du 19 juillet 2005[1]. Elle admet qu'une société étrangère peut être membre d'un groupe fiscal au sens des articles 223 A et suivants du CGI dès lors qu'elle possède un établissement stable soumis à l'impôt sur les sociétés en France, que la société étrangère a régulièrement donné son accord pour être membre du groupe et que les autres conditions, notamment la détention par la société-mère française de 95 % au moins du capital de la société étrangère, sont remplies. Les sociétés dont le capital est détenu à 95 % au moins par une société étrangère sont également admises à entrer dans le groupe auquel appartient leur actionnaire dès lors qu'elles réunissent les conditions d'application du régime et que les titres représentatifs de leur capital sont inscrits au bilan fiscal de l'établissement stable de la société étrangère.

### B – Les conditions requises pour l'obtention du statut de tête de groupe

**297-** La mère doit être une personne morale dont le capital n'est pas détenu directement ou indirectement à 95 % au moins, par une autre personne morale passible de l'impôt sur les sociétés. Une société dont le capital est détenu par

1. *BOI* 4 H-2-05 du 19 juillet 2005 : *Dr. fisc.* 2005, n° 36, Instructions fiscales n° 13380.

deux ou plusieurs sociétés françaises peut se constituer tête de groupe à partir du moment où aucune d'elles ne détient directement ou indirectement 95 % de son capital.

### C – Les conditions de détention requises pour l'accès des filiales au groupe

**298-** Le groupe peut être formé par la société-mère et une ou plusieurs sociétés dont elle détient 95 % au moins du capital, soit directement, soit indirectement si la ou les sociétés intermédiaires sont elles-mêmes membres du groupe.

Dans le cas de détention indirecte, les filiales détenues à 95 % sont assimilées à des filiales détenues à 100 %, étant précisé que le premier maillon doit respecter, en toute hypothèse, la condition de détention directe minimum de 95 %. Ce principe est valable, non seulement, lorsque, à chaque maillon de la chaîne, la participation de 95 % est détenue par une seule société, mais aussi, chaque fois que la participation à 95 % dans les sous-filiales est détenue par l'intermédiaire de deux ou plusieurs filiales.

**299-** Les sociétés du groupe doivent satisfaire à la condition de détention de 95 % pendant toute la durée de l'intégration.

### D – La formation du périmètre d'intégration

**300-** L'application du régime de groupe est subordonnée à une option de la société-mère qui l'engage pendant cinq ans. Elle doit être notifiée au plus tard à l'expiration du délai prévu pour le dépôt de la déclaration de résultats de l'exercice précédent celui au titre duquel le régime s'applique.

**301-** En application du 4e alinéa de l'article 223 A du CGI, seules peuvent être membres du groupe les sociétés qui ont donné leur accord. Celui-ci peut être donné selon les formes ordinaires du droit des sociétés. Ce sera une décision spéciale du Conseil d'administration ou du directoire pour les sociétés anonymes, ou une simple décision du gérant pour les autres sociétés.

**302-** La société-mère peut délimiter librement le périmètre d'intégration du groupe et n'y inclure que certaines de ses filiales. De même, ces dernières peuvent s'opposer à leur intégration dans le groupe ou décider librement d'en sortir. Le contenu et la délimitation du groupe sont fixés par exercice et peuvent varier au cours de la période de validité de l'option.

**■ Exemple**

Soit l'organigramme suivant :

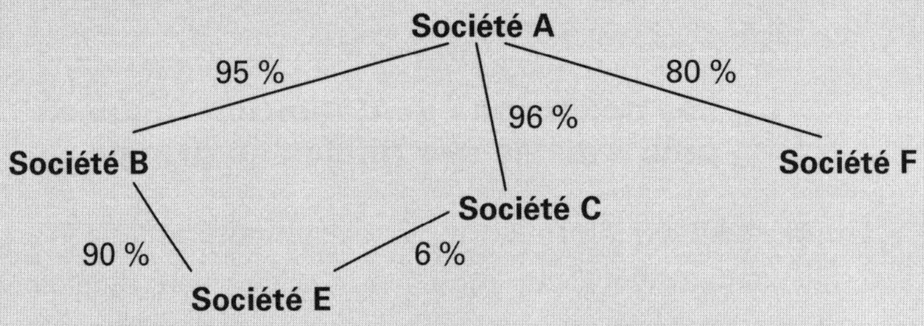


**■ Travail à faire**

**1°** Vous devez déterminer le périmètre d'intégration du groupe.

La société A peut être la société redevable du groupe fiscal formé par elle-même, les sociétés B, C et E.

La société E est une société détenue indirectement par la société A. Mais, dans le cas de détention indirecte, les filiales détenues à 95 %, c'est-à-dire au cas particulier B et C, sont assimilées à des filiales détenues à 100 %.

**2°** Que se passerait-il si la société E clôturait son exercice comptable à une date différente de celui de la société-mère ?

La société E ne pourrait pas être intégrée au groupe fiscal dont la société tête de groupe est la société A dès lors que son exercice comptable ne correspond pas à celui des autres sociétés membres du groupe.

L'article 97 de la loi de finances pour 2004 assouplit la condition relative à la durée des exercices des sociétés du groupe. Ainsi le groupe peut modifier la date de clôture de son exercice et adopter la date de clôture de la société E. De cette façon, celle-ci pourra être intégrée fiscalement.

Il faut préciser que le changement de date de clôture pour un groupe de sociétés n'est possible qu'une seule fois au cours d'une période couverte par une même option.

## 2 – La détermination du résultat d'ensemble

**303-** Le résultat d'ensemble déterminé par la société-mère est constitué par la somme algébrique des résultats des sociétés du groupe, rectifiée de manière positive ou négative, afin d'éliminer les doubles déductions ou impositions au niveau du groupe et neutraliser certaines opérations internes.

### A – Les résultats des sociétés membres

**304-** Chaque société du groupe y compris la mère, détermine son propre résultat comme si elle était imposée de manière séparée.

Mais les déficits subis par les sociétés du groupe pendant l'intégration, pris en compte par la mère, ne peuvent plus être reportés sur leur propre résultat.

L'imputation des déficits antérieurs à l'intégration est, par ailleurs, soumise à des conditions.

### B – Les rectifications apportées au résultat d'ensemble

**305-** Le résultat est diminué des dividendes reçus par une société du groupe, à raison de sa participation dans une autre société du groupe.

**306-** Il est majoré du montant des jetons de présence et tantièmes distribués par les sociétés du groupe et du montant des dotations complémentaires aux provisions constituées par une société après son entrée dans le groupe, à raison des créances qu'elle détient sur d'autres sociétés du groupe.

**307-** Concernant les abandons de créances et autres subventions, des correctifs de sens opposé, s'annulant l'un l'autre, sont pratiqués chaque fois que l'avantage imposé au nom d'une société membre a été déduit par l'autre :

– réintégrations des sommes comprises dans les charges déductibles de la société qui a consenti l'abandon ou la subvention ;

– déduction des sommes incluses dans les profits de la société qui a bénéficié des avantages.

**308-** Lorsque la société qui accorde l'avantage n'a pas droit à la déduction fiscale correspondante (cas d'une aide anormale), alors que la société bénéficiaire est taxable sur le profit que fait naître l'aide reçue, le résultat d'ensemble est seulement réduit à concurrence du profit constaté par cette dernière.

**309-** Ces différentes opérations s'expliquent par le fait qu'il n'y a plus qu'une seule société soumise à l'impôt sur les sociétés. Dès lors, une provision sur soi-même n'est pas concevable. Dans l'hypothèse où il y a une, il convient de la corriger.

### C – Les plus ou moins-values

**310-** La plus ou moins-value d'ensemble est représentée par la somme algébrique des plus ou moins-values nettes des sociétés membres.

Toutefois, les plus-values nettes d'une société ne sont transmises au groupe que dans la mesure où elles ne sont pas imputées par cette société sur le déficit de l'exercice ou des déficits ou moins-values antérieurs à l'intégration.

## 3 – L'imposition du résultat d'ensemble

**311-** Le bénéfice d'ensemble est imposable au nom de la société tête de groupe au taux normal de l'impôt sur les sociétés. La plus-value nette à long terme d'ensemble est imposée séparément au taux de 15 %. Lorsque le résultat d'ensemble est déficitaire, ce déficit constitue une charge des exercices suivants sauf option pour le report en arrière.

La société-mère est redevable de l'imposition forfaitaire annuelle due par toutes les sociétés membres et calculée en fonction du chiffre d'affaires de chacune d'elles.

## 4 – Le régime des distributions

### A – Les distributions par les filiales

**312-** Lorsqu'ils sont prélevés sur des résultats réalisés pendant la période de l'intégration, les dividendes distribués à l'intérieur du groupe ne donnent pas lieu au précompte et n'ouvrent pas droit à l'avoir fiscal. En revanche, le précompte est dû dans les conditions de droit commun, quelle que soit la date de la distribution, à raison des dividendes versés aux associés qui n'appartiennent pas au groupe. Ces dispositifs ne s'appliquent plus depuis leur suppression à compter du 1er janvier 2005.

### B – Les distributions par la société-mère

**313-** La société-mère peut distribuer en franchise de prélèvement de 25 % les dividendes imputés, soit sur le bénéfice net d'ensemble afférent à des exercices clos depuis cinq ans au plus, soit sur le reliquat de ses propres bénéfices de la période antérieure à l'intégration, qui ont supporté l'impôt au taux normal d'exercices clos depuis cinq ans au plus.

**■ Exemple**

M. Brillant est le PDG de la SA Brillant. La société Brillant détient 80 % du capital de la SNC 1, et 95 % de la SNC 2, lesquelles ne sont pas soumises à l'impôt sur les sociétés. Par ailleurs, cette dernière société possède 95 % de la SA 3.

On vous communique les résultats imposables suivants :

– la société Brillant a réalisé un bénéfice de 100 € avant prise en compte des résultats des filiales ;

– la SNC 1 a réalisé un déficit de 100 € ;

– la SNC 2 a réalisé un déficit de 100 € ;

– la SA 3 a réalisé un résultat de 0 €.

**■ Travail à faire**

**1°** Calculer le résultat fiscal de la société A.

**2°** Que se passerait-il si toutes les sociétés étaient redevables de l'impôt sur les sociétés ?

**■ Corrigé**

**1°** La société Brillant doit incorporer à son résultat fiscal 80 % du résultat de la SNC 1, 95 % du résultat de la SNC 2.

| | |
|---|---|
| Résultat propre | 100 € |
| 80 % du résultat de la SNC 1 | - 80 € |
| 95 % du résultat de la SNC 2 | - 95 € |
| Résultat fiscal | - 75 € |

Il n'est pas tenu compte du résultat de la SA 3, qui est soumise à l'impôt sur les sociétés sur ses propres résultats.

**2°** Si toutes les sociétés étaient soumises à l'impôt sur les sociétés, la société Brillant pourrait constituer un groupe dont elle serait redevable de l'impôt. La SNC 1 détenue à hauteur de 80 % par la société Brillant ne peut pas être intégrée.

Mais la société Brillant doit incorporer sur le plan fiscal sa quote-part de résultat dans la SNC 1.

| | |
|---|---|
| Résultat de Brillant | 100 € |
| 80 % du résultat de la SNC 1 | - 80 € |
| Résultat | 20 € |

Le résultat d'ensemble est déterminé de la manière suivante :

| | |
|---|---|
| Résultat propre de Brillant | 20 € |
| Résultat de la SNC 2 | - 100 € |
| Résultat de la SA 3 | 0 € |
| Résultat fiscal d'ensemble | - 80 € |

Ces exemples illustrent le fait qu'une société qui n'aurait que des sociétés en nom collectif comme filiales pourrait réaliser une sorte d'intégration fiscale sans les inconvénients liés à ce régime.

## SECTION III – Les autres dispositifs

### 1 – Le régime des sociétés-mères et filiales

**314-** Ce régime prévu aux articles 145, 146 et 216 du CGI se caractérise à la fois par sa facilité d'accès et par sa portée limitée à l'exonération des dividendes transmis par les filiales.

#### A – Les conditions requises

##### 1 – Une option

**315-** L'option pour le régime des sociétés mères et filiales est annuelle et ne nécessite pas de formalité particulière. L'option se fait simplement par l'inscription ou non des dividendes transmis par les filiales sur la déclaration des résultats effectuée par la société-mère.

### 2 – La qualité de la société-mère

**316-** La société-mère doit être assujettie à l'impôt sur les sociétés, de plein droit ou sur option. Ce régime peut bénéficier aux sociétés en commandite simple pour la fraction des bénéfices revenant aux commanditaires et par les organismes sans but lucratif, imposés au taux normal de l'impôt sur les sociétés pour leurs activités commerciales.

**317-** Une société étrangère soumise à l'impôt sur les sociétés en France à raison d'un établissement stable peut opter pour le régime des sociétés mères si les titres de participation des filiales concernées figurent à l'actif de cet établissement.

### 3 – Le montant de la participation

**318-** La filiale peut être établie en France ou à l'étranger. Contrairement au droit commercial qui limite la notion de filiale aux sociétés dans lesquelles une personne morale détient plus de 50 % du capital, le droit fiscal se limite à 5 %.

**319-** La société-mère doit être pleinement propriétaire des titres qui doivent lui donner vocation à la fois au dividende et à voter dans les assemblées générales.

## B – Les règles applicables aux produits des filiales

**320-** Les dividendes versés par les filiales sont exonérés chez la mère. Il y a ainsi une distribution en franchise d'impôt. Sur le plan fiscal, cela suppose une déduction extra-comptable sur le tableau 2058 A.

Corrélativement, cette absence d'imposition des dividendes conduit à l'interdiction d'imputer les avoirs fiscaux et crédits d'impôt à l'impôt sur les sociétés que la société-mère doit acquitter.

**321-** La société-mère doit réintégrer une quote-part des charges de suivi des participations en application du principe fiscal selon lequel une charge ne peut être déduite que si le produit correspondant fait l'objet d'une imposition. Par souci de simplification, ces frais sont évalués à 5 % du montant brut des dividendes des filiales. Jusqu'à sa suppression, l'avoir fiscal était incorporé dans le montant des dividendes perçus. Depuis, seuls les crédits d'impôts attachés aux produits versés par des filiales étrangères ayant leur siège dans un pays lié à la France par une convention fiscale sont à intégrer dans l'assiette permettant d'établir la quote-part de frais.

### C - Les intérêts du régime des sociétés-mères et filiales

#### 1 - L'absence de double imposition des dividendes de source étrangère

**322-** En principe, les dividendes des filiales étrangères situées dans des États n'ayant pas signé de conventions sur les doubles impositions, sont imposés deux fois : la première fois dans l'État de la source, la seconde fois dans l'État de destination.

**323-** Avec le régime des sociétés mères et filiales, il n'y a pas de double imposition puisque les dividendes de source étrangère ne sont pas imposés en France.

#### 2 - L'évitement des contributions additionnelles

**324-** Dans le régime des sociétés mères et filiales, l'exonération des dividendes versés par les filiales réduit l'assiette imposable qui sert à calculer le montant de l'impôt. De cette façon, les contributions additionnelles à l'impôt sur les sociétés se trouvent réduites, avantage d'autant plus appréciable dès lors que l'on sait que les crédits d'impôts ne peuvent pas servir à les acquitter.

#### 3 - L'amélioration de la gestion des déficits et des crédits d'impôt

**325-** Lorsqu'une société réalise un résultat déficitaire, elle n'a pas d'impôt à acquitter et perd de ce fait les crédits d'impôt attachés aux dividendes versés par la filiale. Ceux-ci ne sont pas, en effet, restituables, ni reportables sur l'exercice suivant.

**326-** Grâce à l'application du régime mère fille, l'exonération des dividendes chez la mère peut lui permettre de limiter l'ampleur du déficit et de garder ses crédits d'impôts pour les imputer sur ses impôts des prochains exercices.

#### 4 - L'absence de limitation de la déduction des intérêts versés à la société-mère

**327-** L'article 212 du CGI qui limite la déduction des intérêts versés en rémunération d'avances en compte courant dès lors que ces sommes n'excèdent pas, pour l'ensemble des associés, une fois et demie le montant du capital social, prévoit une exclusion lorsque la société-mère bénéficie de ce régime.

## 2 - Le bénéfice mondial consolidé

**328-** Par dérogation au principe de la territorialité de l'impôt et conformément aux dispositions de l'article 209 *quinquies* du CGI, les entreprises françaises, agréées à cet effet par le ministre de l'Économie et des Finances et passibles de l'impôt sur les sociétés peuvent être admises à déterminer leurs résultats imposables en France, en retenant l'ensemble des résultats de leurs exploitations directes ou indirectes, situées en France ou à l'étranger.

## A – Les conditions d'application

### 1 – Le régime du bénéfice consolidé

**329-** Lorsqu'elles ont été agréées par le ministre de l'Économie et des Finances, les sociétés et les autres personnes morales françaises passibles de l'impôt sur les sociétés sont autorisées à consolider leurs résultats tels qu'ils sont définis au I de l'article 209 du CGI avec les résultats de leurs exploitations directes situées hors de la France métropolitaine et des départements d'outre-mer et ceux de leurs exploitations indirectes situées en France et hors de France.

Les exploitations directes s'entendent des succursales, bureaux, comptoirs, usines et installations permanentes de toute nature n'ayant pas une personnalité juridique distincte et dans lesquels la société ou la personne morale agréée exerce tout ou partie de son activité.

Les exploitations indirectes sont les parts d'intérêts possédées par la société ou la personne morale agréée dans des sociétés en participation, des sociétés de personnes et des personnes morales assimilées, ainsi que les participations que la société ou la personne morale agréée détient dans des sociétés de capitaux placées sous son contrôle, à l'exception de celles qui sont possédées par la société agréée dans des sociétés qui sont membres d'un groupe qu'elle a constitué ou que l'une de ses exploitations indirectes a constitué, en application des dispositions des articles 223 A à 223 U du CGI. Sont considérées comme placées sous le contrôle d'une société ou d'une personne morale agréée les sociétés de capitaux françaises ou étrangères dans lesquelles la société ou personne morale agréée détient 50 % au moins des droits de vote, directement ou indirectement.

### 2 – Le régime du bénéfice mondial

**330-** Les sociétés mentionnées à l'article 209 *quinquies* du CGI sont, pour l'assiette des impôts établis sur la réalisation et la distribution de leurs bénéfices, autorisées à faire la somme de leurs résultats, tels qu'ils sont définis à l'article 209-I du CGI, et des résultats de leurs exploitations directes et indirectes situées hors de la France métropolitaine et des départements d'outre-mer.

## B – Les modalités de détermination du résultat

**331-** Le résultat consolidé est déterminé de la manière suivante. La société agréée fait la somme algébrique de son propre résultat déterminé dans les conditions de droit commun, avec celui des exploitations directes et indirectes situées en France métropolitaine et dans les départements d'outre mer. Le résultat mondial comprend en plus les résultats des exploitations directes et indirectes situées hors de la France métropolitaine et des départements d'outre mer.

**332-** Pour chacune de ses exploitations directes et indirectes, la société agréée doit établir un bilan de départ à compter de la date d'effet de la décision d'agrément et déterminer leur résultat selon les règles figurant dans le CGI.

# TITRE III

# L'IMPÔT SUR LA DÉPENSE : LA TAXE SUR LA VALEUR AJOUTÉE

**333-** Les impôts sur la dépense ont pour objectif de frapper la consommation des ménages. L'appellation générale de « taxes sur le chiffre d'affaires » recouvre divers prélèvements qui, effectués au bénéfice de l'État, de budgets annexes ou de certains organismes professionnels, présentent les caractères :

– d'impôts réels : l'assujettissement à la taxe est déterminé d'une manière générale, par la nature des opérations effectuées ou des produits concernés ;

– d'impôts indirects, dès lors qu'ils appréhendent, de manière indirecte, les revenus lorsque ceux-ci se révèlent à l'occasion d'une dépense.

**334-** La taxe sur la valeur ajoutée se caractérise essentiellement comme un impôt qui frappe la consommation. Alors que les impôts directs comme l'impôt sur le revenu des personnes physiques ou l'impôt sur les sociétés s'appliquent à des revenus, la TVA frappe l'utilisation qui en est faite par les consommateurs, c'est-à-dire l'acquisition de biens ou de services. La TVA est ainsi un impôt réel par opposition aux impôts personnels que sont les impôts directs.

**335-** Alors que l'impôt direct est recouvré personnellement auprès de chaque contribuable, la TVA est recouvrée sur les consommateurs d'une façon indirecte, par l'intermédiaire des commerçants et des prestataires de services. Ces commerçants et prestataires qui, d'un point de vue technique, sont appelés les « redevables » de la TVA, ajoutent celle-ci à leurs prix de vente qui sont dits initialement hors taxe, la réclament à leurs clients en même temps que le prix et en reversent périodiquement le montant au service des impôts.

**336-** Le succès de la TVA, impôt d'invention française, est attesté par sa reproduction dans nombre de systèmes fiscaux étrangers à tel point qu'on a pu parler, à propos de cet impôt, d'un des meilleurs produits français d'exportation.

Même, dans les pays où les impôts sur le revenu occupent la première place, on a recours à des prélèvements de ce type. Aux États-Unis, il existe une taxe fédérale à la production de certains produits et un impôt à la vente de certains articles à caractère somptuaire sans compter les taxes sur les ventes perçues par la plupart des États.

**337-** La longue et riche expérience qu'a connue la France en matière de taxes sur le chiffre d'affaires a été largement utilisée par les experts de l'Union européenne qui s'en sont fortement inspirés pour jeter les bases d'une TVA qui était déjà appliquée sous des formes diverses dans les autres États membres.

**338-** La TVA est aujourd'hui la pièce maîtresse de notre système fiscal. Impôt de droit commun sur la consommation, elle génère environ 45 % des recettes fiscales de l'État. Cette productivité explique sans doute que cet impôt remarquablement intelligent dans ses principes mais aussi remarquablement complexe dans sa mise en œuvre se soit ainsi multiplié à l'étranger, d'autant plus que, contrairement à l'impôt sur le capital ou le revenu, il n'est que très rarement au centre des polémiques sur la pression fiscale excessive qu'exerceraient les États modernes sur leurs citoyens. On parle, alors, d'impôt indolore. Du point de vue des gouvernants, la première vertu d'un impôt n'est-elle pas d'être consenti sans heurts ?

**339-** Ainsi, après une entrée modeste au sein des impôts indirects, les taxes sur le chiffre d'affaires et, spécifiquement, la TVA ont-elles peu à peu remplacé bon nombre d'impôts spécifiques. En outre, en France, durant les dernières décennies, c'est dans leur rendement accru qu'ont été recherchées les compensations nécessaires aux allégements accordés en matière d'impôt sur le revenu.

**340-** L'évocation de l'évolution historique des taxes sur le chiffre d'affaires en France permet d'aborder de façon pédagogique les différentes conceptions, selon lesquelles les taxes de cette nature peuvent être structurées.

**341-** La création d'un impôt sur la dépense remonte au début du XX^e siècle à cause des besoins financiers générés par la Première Guerre mondiale et la reconstruction du pays.

**342-** La loi du 31 décembre 1917 a institué une taxe sur les paiements civils et commerciaux qui a été généralisée, par la suite, sous l'appellation de taxe sur le chiffre d'affaires. Cette taxe était perçue au taux de 2 % à l'occasion de chaque transaction. Ce mécanisme était un facteur de hausse du coût de la vie puisqu'il intervenait à chaque transaction.

**343-** Cette taxe frappait sous la forme d'un droit de timbre les paiements civils constatés par écrits et les paiements commerciaux.

Pour ces derniers, on pouvait commencer à parler d'un véritable impôt sur les affaires, puisque la taxe frappait la dernière vente des marchandises au consommateur au taux général de 0,20 % et au taux particulier de 10 % pour les biens somptuaires.

**344-** Contrairement à la taxe sur les paiements civils, l'exigibilité de la taxe était indépendante de la rédaction d'un écrit. C'était le fait même du paiement par le consommateur qui était frappé. La taxe sur les paiements commerciaux avait le caractère d'une taxe unique sur les ventes au détail qui ne frappait les marchandises qu'une seule fois au cours de leur circuit. Aucune inégalité n'était donc introduite.

**345-** La taxe sur les paiements commerciaux avait le caractère d'une taxe unique sur les ventes au détail qui ne frappait les marchandises qu'une seule fois au cours de leur circuit. Aucune inégalité n'était donc introduite entre les produits selon la longueur du circuit de production ou de distribution. Pour les commerçants, ce système avait l'inconvénient de les obliger à distinguer les ventes réalisées au profit d'autres entreprises de celles effectuées en fin de circuit de production ou de distribution aux consommateurs.

Facile à frauder à cause de l'absence de possibilité de recoupement à des stades antérieurs à la production et d'un faible rendement, cet impôt fut rapidement abandonné.

**346-** Les difficultés financières nées de la guerre imposèrent, dès 1920, le recours à un impôt indirect, productif, juste, commode et d'un coût de perception modique : **la taxe générale sur le chiffre d'affaires**.

**347-** L'impôt frappait la généralité des transactions comme les ventes de biens ou les prestations de services, quel que soit le stade du circuit de production ou de distribution auquel elles intervenaient.

La taxe était assise sur la somme totale encaissée par les entreprises en contrepartie des ventes et des services quel que soit le résultat dégagé par celles-ci. L'impôt était acquitté mensuellement au vu d'une déclaration souscrite par l'entreprise récapitulant les affaires imposables réalisées au cours du mois précédent.

**348-** La loi du 25 juin 1920 qui avait instauré la taxe générale sur le chiffre d'affaires posa des principes qui sont restés à la base de notre régime de taxes sur le chiffre d'affaires.

**349-** D'un rendement élevé, d'un taux peu élevé, qui favorisait son acceptation par les contribuables et d'une complexité acceptable, la taxe présentait de sérieux avantages pour l'État.

**350- Elle fut néanmoins critiquée.** Tout d'abord étant une taxe dite « à cascade », elle favorisait les circuits économiques intégrés verticalement, c'est-à-dire les entreprises qui procèdent elles-mêmes à toutes les opérations de fabrication, de transformation et de commercialisation d'un produit par rapport aux circuits classiques du petit commerce dans lequel un produit pouvait faire l'objet de plusieurs acquisitions et reventes inter-entreprises avant sa commercialisation et donc être plusieurs fois taxé.

Ce faisant, la taxe était également un facteur d'inflation en cas de circuit long puisque les intermédiaires l'incorporaient au prix pour calculer leur marge et leur prix de vente.

**351-** Elle donnait lieu à une fraude importante qui consistait pour un commerçant à se déclarer commissionnaire ou courtier et à n'imposer à la taxe que la marge réalisée entre le prix d'achat et le prix de vente en la déguisant en une commission d'intermédiaire. En effet, dans le cas d'un commissionnaire ou courtier censé ne pas devenir propriétaire de la marchandise et seulement mettre en rapport un vendeur et un acquéreur, la base d'imposition de la taxe se limite au montant de la commission alors que, normalement, la taxe était due sur le prix total de vente de la marchandise.

De tous ces inconvénients, l'effet cumulatif de la taxe sur les prix, due à sa perception à chaque transaction, était, sans doute, le plus pernicieux qui conduisit alors les pouvoirs publics à instituer, à partir de 1925, des taxes uniques, spéciales à la production perçues à un seul stade des circuits de production.

**352-** Le stade d'imposition de ces taxes posa problème. On finit par choisir le stade de la production par rapport à celui de la consommation.

La fixation du taux se révéla également délicate puisqu'il fallait, pour des raisons budgétaires, évaluer le rendement de la taxe générale sur le chiffre d'affaires à laquelle la taxe unique se substituait.

**353- Entre 1925 et 1936, les pouvoirs publics instaurèrent plus de 30 taxes uniques,** notamment dans le secteur alimentaire, le charbon et l'automobile.

Ces taxes uniques supprimaient les inégalités de taxation qui existaient selon la longueur du circuit économique, réduisaient le nombre de redevables et mettaient fin aux fraudes liées aux faux commissionnaires.

Comme on avait voulu que la taxe unique soit d'un rendement équivalent à la taxe générale, on avait, en réalité, substitué à une taxe de 2 % perçue cumulativement à chaque stade de production une taxe unique perçue dès le départ du cycle de production mais d'un montant beaucoup plus élevé. Or, ce faisant, la marge bénéficiaire des intermédiaires allait être, dès l'origine, calculée sur un prix comprenant la totalité de l'impôt. En définitive, l'incidence de la taxe sur le prix final du produit allait s'avérer plus forte qu'avec la taxe unique.

Enfin, hormis pour les commerçants dont l'activité était exclusivement consacrée à la vente d'un produit soumis à la taxe unique, la coexistence de taxes uniques à la production et de la taxe générale sur le chiffre d'affaires alourdissait les obligations comptables de l'ensemble des assujettis en les obligeant à de complexes ventilations comptables. Et puis, surtout, la fabrication de la plupart des produits nécessitait d'avoir recours à des matières premières brutes mais aussi à des produits manufacturés soumis eux à la taxe générale. La taxation donnait alors lieu à des difficultés inextricables.

**354-** La **loi du 31 décembre 1936** supprima la taxe sur le chiffre d'affaires et la remplaça par une taxe unique à la production au taux de 6 %, perçue une seule fois au dernier stade de la production.

**355-** La taxe à la production se perfectionna avec un décret du 25 septembre 1948. Elle devint une taxe à paiements fractionnés, effectués à chaque stade de la transformation matérielle ou du changement de présentation du produit. Des taxes dont il était redevable sur ses ventes, le contribuable pouvait déduire celles qu'il avait antérieurement acquittées lors de l'achat des matières premières entrant dans la composition du produit. C'était le système de la déduction physique.

**356-** La loi du 10 avril 1954 créa la taxe sur la valeur ajoutée, plus connue sous le simple sigle de TVA.

Les promoteurs de la réforme souhaitaient instaurer un impôt synthétique sur la consommation permettant d'atteindre la neutralité fiscale, de ne pas pénaliser les circuits longs comme avec les taxes cumulatives et permettant d'inciter les entreprises à investir en récupérant l'impôt acquitté lors de l'acquisition de biens immobilisés.

Pour ce faire, on décida que la taxe ne frapperait que l'augmentation de valeur prise par le bien ou le service à chaque transaction.

On choisit de fixer pour base de l'impôt, le prix de vente du bien ou du service. Du montant obtenu en multipliant la base par le taux du prélèvement, on autorisa la déduction de la TVA payée en amont, c'est-à-dire la TVA payée lors de l'acquisition de l'ensemble des éléments du prix de revient du bien ou du service et des biens durables d'investissement comme les machines.

Ainsi, l'impôt ne frappait que la marge brute de l'entreprise à des taux allant de 6 % pour les produits alimentaires de grande consommation à 25 % pour les produits de grand luxe en passant par le taux normal de 20 %.

**357-** Bien que la TVA devait être une taxe d'application générale, il fallut attendre le 1er janvier 1968 pour que la généralisation de son application soit réellement effective.

En effet, la TVA ne s'appliquait pas aux ventes au détail mais seulement à une partie des ventes au gros. La taxe cumulative de 2 % sur les prestations subsistait ainsi que certaines taxes uniques à la production pour les viandes, le vin, le cidre, le thé et le café, notamment.

La réforme de 1968 étendit le champ d'application de la TVA à toutes les activités industrielles ou commerciales, réduisit le nombre d'exonération et supprima la taxe sur les prestations de services et les dernières taxes uniques à la production. Elle offrit la possibilité aux professions agricoles et non commerciales de s'y soumettre sur option.

Le nombre de taux fut ramené de six à quatre, un taux réduit de 6 %, un taux intermédiaire de 13 %, un taux normal de 16,66 % et enfin un taux majoré de 20 %.

Enfin, la loi de 1966 créait pour les petites entreprises un régime dit du forfait qui supprimait la plupart des obligations comptables.

**358-** Par la suite, on ne peut pas envisager une approche historique de l'évolution de la TVA sans prendre en compte les textes communautaires. Les dispositions de la **VI^e^ Directive du 17 mai 1977** qui tendaient à harmoniser les législations des différents États membres ont été transposées en droit interne par la loi de finances rectificatives pour 1978.

L'évolution du droit communautaire en matière de TVA est guidée par l'objectif, affirmé en 1987 dans l'Acte unique européen, de création d'un espace sans frontières intérieures, dans lequel la libre circulation des marchandises, des personnes, des capitaux et des services est assurée.

La **directive n° 91/680/CEE du 16 décembre 1991** qui a modifié la VI^e^ Directive a fixé de nouvelles règles permettant la suppression de tout contrôle et de toute formalité à finalité fiscale lors du franchissement des frontières intracommunautaires. Ces règles transitoires devaient cesser de s'appliquer à compter de 1999 et laisser la place au principe de taxation à l'origine, complété d'un système de compensation destiné à éviter les déplacements de recettes importants entre les États membres. Ceux-ci n'ayant pas pu s'entendre sur un tel dispositif, le régime transitoire continue à s'appliquer.

**359-** La Taxe sur la valeur ajoutée est une taxe générale, unique, perçue selon le régime des paiements fractionnés. La taxe est liquidée de telle façon qu'à l'issue du circuit économique qui met les biens ou les services à la disposition de l'acquéreur, la charge fiscale globale correspond à la taxe calculée sur le prix de vente final exigé de celui-ci.

**360-** Ce tableau présente le mécanisme de la TVA qui repose sur le système des paiements fractionnés. Une chaîne économique simplifiée réunit un fabricant, un détaillant et un consommateur final. Le fabricant commercialise un produit auprès d'un détaillant moyennant le versement d'un prix 50 € Hors

Taxe et une TVA correspondante de 5. Celui-ci commercialise ce même produit auprès d'un consommateur final au prix Toutes taxes comprises de 110 €.

| | **Fabricant** | | **Détaillant** | | **Consommateur** |
|---|---|---|---|---|---|
| | **Prix HT** | **TVA** | **Prix HT** | **TVA** | **Prix TTC** |
| **Vente** | 50 | 5 | 100 | 10 | |
| **Achat** | 10 | 1 | 50 | 5 | 110 |
| | | 4 | | 5 | 10 |

Il est tenu compte d'un taux de 10 %.

Ce tableau démontre que le consommateur final supporte l'intégralité de la TVA que les différents opérateurs économiques assujettis ont acquitté au fur et à mesure.

CHAPITRE

# 8 LE CHAMP D'APPLICATION

**361-** Parmi l'ensemble des opérations économiques qui peuvent exister, certaines seront imposables à la TVA, d'autres en seront exclues, quelques-unes seront exonérées.

## SECTION I – Les opérations imposables

**362-** Il faut distinguer, d'une part, les opérations obligatoirement imposables à la TVA et, d'autre part, celles qui ne le sont que sur option.

### 1 – Les opérations obligatoirement imposables

**363-** Une opération économique peut être imposable en raison de sa nature ou à cause de dispositions spéciales. Dans ce second cas, l'opération serait, à défaut de telles dispositions, exclue du champ d'application de la TVA.

#### A – En raison de la nature des opérations

**364-** Ces opérations sont envisagées aux articles 256 I et 256 A du CGI. Ces articles doivent être compris à l'aide de la VIe Directive du Conseil des Communautés européennes du 17 mai 1977 puisque les textes fondamentaux sont pris au niveau communautaire en matière de TVA.

L'article 256-I soumet à la TVA les livraisons de biens et les prestations effectuées par un assujetti agissant en tant que tel.

L'article 256 A précise que « *sont assujetties à la TVA les personnes qui effectuent de manière indépendante une activité économique, quel que soit le statut juridique de ces personnes, leur situation au regard des autres impôts ou la nature de leur intervention.* »

##### 1 – Une livraison de biens

**365-** Pour définir la livraison de biens, le CGI ne mentionne pas un contrat, mais une modalité contractuelle ou une opération économique, si l'on se place sur le terrain économique : il s'agit « *du transfert du pouvoir de disposer d'un bien meuble corporel comme un propriétaire* ».

**366-** Cette définition permet d'englober toutes les opérations comportant un transfert de propriété de biens meubles corporels comme les ventes, les échanges, les prêts à la consommation, les apports en société, ce qui exclut les biens immeubles sous réserve des dispositions des articles 257-7 et suivants du CGI et les biens incorporels. Mais le gaz, l'électricité, la chaleur, le froid et les biens similaires sont considérés comme des biens corporels.

#### 2 – Une prestation de services

**367-** La notion de prestation de services est très large. Entrent dans cette catégorie les opérations comportant transfert de propriété de biens meubles incorporels, tels que les cessions de brevets, de marques de fabriques mais, également, les locations de biens meubles ou immeubles, les transports de personnes et de marchandises, les travaux immobiliers, les ventes à consommer sur place de produits alimentaires ou de boissons, les opérations de commission et de courtage, les travaux à façon, les travaux d'étude, de recherche et d'expertise, et d'une manière générale, toutes les activités autres que salariées qui ne constituent pas des livraisons de biens.

#### 3 – Une activité économique

**368-** Les activités économiques se définissent comme toutes les activités de producteur, de commerçant ou de prestataire de services, y compris les activités extractives, agricoles et libérales.

**369-** La réalisation à titre habituel de livraisons de biens et de prestations de services à titre onéreux constitue une activité économique. Le caractère habituel implique la réalisation répétée de prestations de services ou de livraisons de biens.

En revanche, la personne qui réalise à titre occasionnel une opération économique n'a, en principe, pas la qualité d'assujetti.

#### 4 – Un titre onéreux

**370-** Les opérations relevant des activités économiques doivent être effectuées à titre onéreux, qu'il s'agisse des livraisons ou de prestations. Cette exigence résulte d'un arrêt de la Cour de Justice des Communautés Européennes du 8 mars 1988[1] à l'occasion duquel le juge communautaire a retenu que « *la notion de prestation de services effectuée à titre onéreux au sens de l'article 2 (...). suppose l'existence d'un lien direct entre le service rendu et la contre-valeur reçue* ».

La Cour en a déduit qu'un organisme qui, dans sa mission de défense des intérêts communs des producteurs de pommes et de poires, réalise des opé-

1. CJCE, 8 mars 1988, aff. n° 102/86, Apple and Pear : *RJF* 8-9/1988, n° 538.

rations de publicité collective et perçoit une taxe annuelle pour subvenir à ses frais, n'effectue pas de prestations de service à titre onéreux, au sens de ce texte.

Le Conseil d'État a entériné cette nouvelle définition des prestations effectuées à titre onéreux dans un arrêt du 9 mai 1990[1].

**371-** Dorénavant, pour déterminer si une opération est assujettie à la TVA, il convient de rechercher si elle procure un avantage au client et si le prix est en relation avec l'avantage reçu. Si l'une de ces deux conditions n'est pas remplie, l'opération n'est pas placée dans le champ d'application de la TVA.

**■ Exemple**

La société Le Journal édite une revue hebdomadaire. Cette activité n'étant pas suffisamment rentable, une association lui verse une subvention pour équilibrer son budget. Celle-ci est-elle imposable à la TVA ?

**■ Corrigé**

Pour qu'il y ait rémunération d'une prestation de services, il faut qu'il y ait un lien direct entre la subvention et cette prestation. Selon les solutions jurisprudentielles de la Cour de Justice des Communautés Européennes et du Conseil d'État, cette condition se trouve remplie lorsqu'il existe une prestation individualisable au profit des personnes assurant le versement et une équivalence approximative entre l'avantage retiré par ces dernières et la contre-valeur fournie.

L'existence d'un service individualisé pouvait résulter de la diffusion par la société de la pensée de l'association auprès des lecteurs du journal. Cependant, la subvention versée par l'association n'était pas susceptible de constituer la contrepartie de cet avantage étant donné qu'elle était globale et variable et qu'elle n'était pas liée au nombre d'exemplaires vendus, son montant étant inversement proportionnel aux ventes[2].

### B – En application de dispositions spéciales

**372-** Le législateur a prévu l'imposition de certaines opérations qui ne seraient pas imposables en application des principes généraux. Il s'agit de diverses opérations, sans lien entre elles.

**373-** Le législateur prévoit, notamment, que la livraison à soi-même est taxable à la TVA. La livraison à soi-même est l'opération par laquelle une personne obtient, avec ou sans le concours de tiers, un bien ou une prestation de services à partir de biens, d'éléments ou de moyens lui appartenant.

---

1. CE, 9 mai 1990, req. n° 82.611, Comité économique agricole des producteurs de plants de pommes de terre de la région Nord de la France : *RJF* 6/1990, n° 676.
2. CE, 20 mars 1996, SARL Informations juives : *Dr. fisc.* 1996, n° 31-36, comm. 1040.

Ainsi, une personne se livre à elle-même un immeuble bâti lorsque, possédant un terrain, elle y fait élever une construction à l'aide de matériaux qui deviennent sa propriété au fur et à mesure des travaux et, ce, quelle que soit l'importance de la participation de tiers, comme des architectes ou des entrepreneurs. Lorsque l'immeuble ainsi bâti est destiné à être utilisé pour la réalisation d'opérations soumises à la TVA, une telle livraison à soi-même doit faire l'objet d'une imposition à cette taxe en vertu de l'article 257-7 du CGI.

**374-** D'une manière plus générale, l'article 257-8 du CGI prévoit que sont imposables à la TVA certaines opérations assimilées à des livraisons de biens ou à des prestations de services effectuées à titre onéreux comme les prélèvements effectués par un commerçant.

### 2 – Les opérations imposables sur option

**375-** Le droit à déduction de la TVA grevant les acquisitions de biens et de services est lié à la qualité d'assujetti et ce droit ne peut être transmis en aval de la chaîne des opérations que par un agent économique ayant lui-même la qualité d'assujetti. C'est l'intérêt de l'option.

Trois cas doivent être distingués : l'option peut être exercée, soit par des personnes qui ne sont pas assujetties, soit par des personnes qui exercent certaines activités normalement exonérées, soit enfin par des personnes qui sont normalement assujetties, mais dont la situation est régie par des dispositions particulières.

## SECTION II – Les opérations exonérées

**376-** Certaines opérations qui entrent dans le champ d'application de la taxe sur la valeur ajoutée échappent à l'imposition aux termes de dispositions expresses de la loi. Ces exonérations sont de droit strict et leur application ne saurait être étendue par voie d'analogie.

**377-** Les personnes qui se livrent à des activités exonérées ne sont pas toujours dispensées des obligations qui incombent aux redevables de cette taxe, comme le droit de contrôle et le droit de communication de l'administration ainsi que la souscription de déclaration.

**378-** Ces exonérations décidées par le législateur répondent à différentes préoccupations. Les premières répondent à un souci d'éviter des doubles impositions. Certaines ont pour but, dans une certaine mesure, de ne pas gêner le développement de la politique de santé et de ne pas alourdir le coût de la sécurité sociale.

L'article 261-4 du CGI exonère de la TVA les activités médicales, paramédicales et les frais d'hospitalisation. Cela suppose que les praticiens exercent leur activité dans le cadre légal et réglementaire de la médecine tel qu'il est défini par le Code de santé publique.

**■ Exemple**

La société Legrand a une activité patrimoniale. Elle propose à la location les immeubles dont elle est propriétaire.

**1°** Elle possède des logements vides qu'elle propose à la location. Doit-elle les assujettir à la TVA ? Une option est-elle possible ?

**2°** Elle possède des bureaux non aménagés. Doit-elle assujettir à la TVA les locations ?

**3°** Elle a construit un nouvel immeuble de bureaux aménagés, qu'elle souhaite proposer à la location. Ces locations sont-elles imposables à la TVA ?

Par ailleurs, elle détient une participation financière dans le capital de la SA Bulin, laquelle lui a distribué un dividende de 50 000 €. Cette distribution est-elle passible de la TVA ?

**■ Corrigé**

La location de logement est une opération exonérée de TVA, sans possibilité d'option, dès lors qu'elle s'analyse en une activité civile et, quand bien même elle serait réalisée par une société commerciale.

La location de bureaux non aménagés est en principe exonérée de TVA. Toutefois, une option permet de soumettre à la TVA les locations d'immeubles nus dès lors qu'elles sont consenties au profit d'un preneur assujetti à la TVA.

La location de locaux aménagés constituant une opération de nature commerciale entre dans le champ d'application de la TVA.

La perception de dividende qui n'est pas la contrepartie d'une activité économique ne constitue pas une opération entrant dans le champ d'application de la TVA[1], même si la société bénéficiaire des dividendes s'immisce dans la gestion de ses filiales en leur fournissant des prestations de services soumises à la TVA[2].

En résumé, on peut présenter le champ d'application sous la forme d'un tableau :

1. CJCE, 22 juin 1993, aff. 333/91, SA Satam : *RJF* 7/1993, n° 986.
2. CJCE, 14 novembre 2000, aff. 142/99, Floridienne SA et Berginvest SA : *RJF* 1/2001, n° 127.

| | | | |
|---|---|---|---|
| **Ensemble des opérations économiques** | Opérations dans le champ d'application | Opérations imposables | Opérations imposées (**) |
| | | | Opérations exonérés (***) |
| | Opérations hors du champ d'application (*) | | |

(*) L'entreprise qui réalise des opérations placées à la fois dans le champ d'application de la TVA et en dehors est qualifiée d'assujetti partiel.

(**) L'entreprise qui est imposée sur la totalité de ces opérations est un redevable total.

(***) L'entreprise qui réalise des opérations imposées ou exonérées est qualifiée de redevable partiel.

CHAPITRE 9

# LA TERRITORIALITÉ

**379**- Il convient de distinguer les aspects internes de la territorialité et les aspects communautaires et internationaux.

## SECTION I – Le champ d'application territorial de la TVA

**380**- Les règles dépendent de la nature de l'opération économique.

### 1 – La délimitation du territoire fiscal français

**381**- Le territoire sur lequel s'applique la TVA comprend la France continentale y compris les zones franches du pays de Gex et de Savoie, ainsi que les îles du littoral, la Corse, la principauté de Monaco où la législation française est introduite, sous réserve des adaptations nécessaires, par ordonnances princières, les eaux territoriales, le plateau continental qui peut faire l'objet d'exploration et d'exploitation depuis l'adoption de la Convention internationale sur le plateau du 29 avril 1958, et enfin les départements de la Guadeloupe, de la Martinique et de la Réunion. Cependant, ces trois départements sont, au même titre que les pays tiers, considérés comme territoires d'exportation à l'égard de la France métropolitaine. La TVA n'est pas applicable provisoirement dans le département de la Guyane selon l'article 294-1 du CGI.

### 2 – Le lieu d'imposition des opérations portant sur les biens

**382**- Il convient de distinguer selon que le bien est livré en l'état ou fait l'objet d'une installation ou d'un montage.

**383**- Dans le premier cas, les règles suivantes s'appliquent. Lorsque le bien est expédié ou transporté à partir de la France et quel que soit le lieu de destination (France, UE, pays tiers), le lieu de la livraison est situé en France et la TVA française est applicable, sous réserve des exonérations pour les livraisons et les exportations. Lorsque le lieu de départ du bien expédié se situe dans un autre État membre et le lieu d'arrivée en France, le lieu de livraison est réputé se situer dans cet autre État membre. Enfin, lorsque le lieu de départ du bien expédié ou transporté se situe dans un pays tiers, le lieu d'arrivée étant en France, la livraison est imposable en France lorsqu'elle est effectuée par l'importateur.

**384-** Dans le second cas, lorsque les biens font l'objet d'un montage ou d'une installation avant la livraison, celle-ci y est toujours imposable.

> **■ Exemple**
> Une société allemande fabrique une machine qui doit être installée en France. Le contrat prévoit que la livraison intervient après le montage.
> La société allemande doit désigner un mandataire fiscal en France en sa qualité de redevable de la TVA française.

### 3 – Le lieu d'imposition des opérations portant sur les prestations de services

**385-** L'article 259 du CGI pose comme principe que le lieu d'imposition est réputé se situer en France lorsque le prestataire a en France le siège de son activité économique ou un établissement stable à partir duquel le service est rendu ou, à défaut, son domicile voire sa résidence habituelle.

**386-** Des dérogations sont prévues pour prendre en compte, notamment, la nature des services rendus selon qu'elles sont matériellement ou non localisables. Dans l'hypothèse de prestations immatérielles, l'imposition se fait selon le tableau suivant :

| Lieu d'établissement du preneur | | Lieu d'établissement du prestataire | | |
|---|---|---|---|---|
| | | France | Autre État | Hors UE |
| France | assujetti | oui | oui | oui |
| | non-assujetti | oui | non | oui (*) |
| Autre État UE | assujetti | non | non | non |
| | non-assujetti | oui | non | non |
| Hors UE | | non | non | non |

(*) Oui, si le service rendu par le prestataire est utilisé en France. Dans l'hypothèse inverse, l'opération n'y est pas imposable.

**■ Exemple**

La société Martin s'est engagée auprès d'une société espagnole à ne pas effectuer de publicité au profit d'un de ses concurrents moyennant le versement de 50 000 €. Cette obligation de ne pas faire est-elle imposable en France ?

Dès lors que la société française est en quelque sorte prestataire et la société espagnole est le preneur, l'opération n'est pas imposée en France. Il faut que les deux sociétés soient assujetties.

Elle a également demandé à une de ses filiales implantée en Allemagne de lui réaliser une étude marketing pour un montant de 30 000 €. Cette étude est-elle imposable en France ?

Il s'agit d'une prestation immatérielle. Dès lors que la société française est le preneur et la société allemande est le prestataire, l'opération est imposée en France.

## SECTION II – Les opérations intracommunautaires

**387-** Ce régime des opérations intracommunautaires est issu de l'instauration d'un marché unique supprimant les frontières fiscales. Les opérations communautaires sont de deux ordres. Soit l'opération économique consiste à introduire en France un bien situé dans un autre État membre, cette opération s'analyse en une acquisition intracommunautaire. Soit l'opération économique est faite de France vers un autre État membre et, dans ce cas, il s'agit d'une livraison intracommunautaire.

**388-** Ces opérations doivent être réalisées entre des personnes assujetties à la TVA en France et dans un autre État membre. Toutefois, certains territoires des États membres se trouvent exclus de l'espace communautaire en matière de TVA. Ces territoires sont l'île d'Helgoland et le territoire de Busingen, pour la République fédérale d'Allemagne, Ceuta, Melilla et les îles Canaries, pour le Royaume d'Espagne, Livigno, Campione d'Italia et les eaux nationales du lac de Lugano, pour la République italienne, le mont Athos pour la République hellénique, les îles Aland pour la République de Finlande.

Ces territoires sont alors considérés comme des pays tiers vis-à-vis de la France. Il en est de même des îles anglo-normandes. Il s'agit d'opérations internationales.

## 1 – Les acquisitions intracommunautaires

### A – La notion

**389-** Aux termes de l'article 256 *bis* I 3° du CGI, est considérée comme une acquisition intracommunautaire l'obtention du pouvoir de disposer comme d'un propriétaire d'un bien meuble corporel expédié ou transporté par le vendeur, par l'acquéreur ou pour leur compte, à partir d'un autre État membre de la Communauté européenne à destination de l'acquéreur en France.

La notion d'acquisition met en évidence deux éléments : d'une part, le transfert du pouvoir de disposer d'un bien meuble, d'autre part, une expédition ou un transport du bien à partir d'un autre État membre.

### B – Le régime d'imposition

**390-** Les acquisitions de biens meubles effectuées à titre onéreux par un assujetti agissant en tant que tel sont imposables en France.

**391-** Ce régime d'imposition ne s'applique pas aux biens vendus par un assujetti qui bénéficie dans son État membre du régime particulier de franchise des petites entreprises, aux biens qui font l'objet en France d'une installation ou d'un montage par le vendeur.

■ **Exemple**

Une société française assujettie à la TVA en France acquiert un bien auprès d'une société allemande.

Elle doit indiquer cette acquisition à la TVA française sur sa propre déclaration de TVA, en l'ajoutant à son chiffre d'affaires.

Parallèlement à cette taxation, la société française doit déposer, sous certaines conditions, une déclaration d'échanges dans laquelle elle indique avoir réalisé une acquisition. Le fournisseur allemand étant soumis à la même déclaration, cela permet aux autorités française et allemande de vérifier la réalité des flux communautaires.

## 2 – Les livraisons intracommunautaires

### A – La notion

**392-** Il s'agit de la livraison d'un bien à titre onéreux qui est faite à destination d'un assujetti d'un autre État membre par un vendeur qui est un assujetti agissant en tant que tel, selon l'article 262 *ter* I du CGI.

L'existence du transport ou de l'expédition est justifiée par tout moyen de preuve. Ces moyens peuvent être directs comme les documents de transport, les bons de livraisons ou d'enlèvements, ou indirects comme le double des factures revêtues du cachet de l'entreprise destinataire, l'avis de règlement des établissements financiers étrangers.

### B – Le régime d'imposition

**393-** Dès lors qu'elles sont réputées faites en France, les livraisons intra-communautaires à destination d'un autre État membre entrent dans le champ d'application de la TVA française. Mais elles sont exonérées si elles respectent les caractères légaux.

Le vendeur peut néanmoins déduire la TVA qui a grevé les éléments du prix des biens expédiés à l'étranger.

> **■ Exemple**
>
> La société Martin qui est installée à Marseille réalise des ventes vers un client anglais.
>
> Ces ventes constituent des livraisons intra-communautaires, exonérées de TVA, à l'instar des exportations. Pour le client, il s'agit d'acquisitions intra- communautaires qu'il doit soumettre à la TVA anglaise.
>
> Parallèlement à cette taxation, la société française doit déposer, sous certaines conditions, une déclaration d'échanges dans laquelle elle indique avoir réalisé une livraison. Le client anglais étant soumis à la même déclaration, cela permet aux autorités française et anglaise de vérifier la réalité des flux communautaires.

## SECTION III – Les opérations internationales

### 1 – Les importations

### A – La définition

**394-** L'introduction en France de biens en provenance de pays tiers ou assimilés donne lieu à la perception de la TVA par le service des douanes lors de l'entrée sur le territoire communautaire lorsque ce bien est mis à la consommation en France ou, lors de la mise à la consommation en France, d'un bien précédemment placé sous un régime suspensif en application de l'article 291-I du CGI.

### B – Le régime d'imposition

**395-** L'impôt devient exigible au moment où le bien est considéré comme importé. La taxe doit être acquittée par la personne désignée comme destinataire réel des biens sur la déclaration d'importation. Il convient de préciser que le déclarant en douane est tenu solidairement au paiement de la taxe.

**396-** Le taux de la TVA applicable lors de l'importation est celui applicable à l'intérieur, au moment de la déclaration de mise à la consommation.

**397-** La base d'imposition est constituée par le prix facturé. Il faut y ajouter les impôts, droits, prélèvements et autres taxes dus en raison de l'importation, à l'exception de la TVA elle-même, ainsi que les frais accessoires comme les frais de commission, d'emballage, de transport et d'assurance. Il faut y enlever les remises, escomptes pour paiement anticipé, rabais, ristournes.

## 2 – Les exportations

### A – Les exportations de biens

**398-** Les livraisons de biens à destination de pays tiers sont exonérées de TVA, en application de l'article 262 du CGI. Cela suppose que la déclaration d'exportation, que l'on appelle aussi le document administratif unique, soit visée par le service des douanes de sortie de la Communauté. Un exemplaire doit être obligatoirement conservé par l'exportateur à l'appui de la comptabilité qui doit mentionner l'exportation.

### B – Les prestations de services

**399-** Sont exonérées de TVA, en application de l'article 262 I 1° et 2° du CGI, les prestations de services directement liées à l'exportation de biens meubles corporels à destination de pays tiers. L'exonération s'applique aux opérations portant sur des biens destinés à l'exportation, quels que soient la qualité et le lieu d'établissement du donneur d'ordre.

**400-** Ces dispositions concernent les transports de marchandises destinés à l'exportation, les prestations accessoires, la location de moyens de transport, des contenants et des matériels pour l'exportation, le gardiennage, le magasinage et l'emballage des marchandises.

CHAPITRE 10

# LA DÉTERMINATION DE LA TVA COLLECTÉE

**401-** La détermination de la TVA suppose trois éléments : une base d'imposition, la survenance du fait générateur et de l'exigibilité, et l'application d'un taux d'imposition.

## SECTION I – La base d'imposition

**402-** Une solution de principe dégagée par le juge de l'impôt s'applique sous réserve d'exceptions.

### 1 – Le principe

**403-** Les principes applicables pour fixer l'assiette sont énoncés à l'article 226-1 a du CGI :

« *la base d'imposition est constituée, pour les livraisons de biens et les prestations de services, par toutes les sommes, valeurs, biens ou services reçus ou à recevoir par le fournisseur ou le prestataire en contrepartie de la livraison ou de la prestation* ».

**404-** De cet article, il résulte que le paiement anticipé ou tardif du prix, la livraison du bien ou la réalisation de l'opération sont sans influence sur les conditions de détermination de la base imposable.

**405-** La base d'imposition est constituée, pour les livraisons de biens, les prestations de services et les acquisitions intracommunautaires, par toutes les sommes, valeurs, biens ou services reçus ou à recevoir par le fournisseur ou le prestataire en contrepartie de ces opérations, de la part de l'acheteur, du preneur ou d'un tiers, y compris les subventions directement liées au prix de ces opérations.

Ces prix, montants et valeurs s'entendent tous frais, taxes et prélèvements de toute nature à l'exclusion de la TVA.

**406- La base imposable comprend donc l'ensemble des paiements en espèces ou en nature qui incombent au client en contrepartie de la prestation qui lui est faite, à l'exclusion de la partie du prix qui représente la TVA.**

Cette question a été tranchée par le juge de l'impôt à l'occasion de son arrêt « Comité de propagande de la banane[1] » :

« *La taxe sur la valeur ajoutée dont est redevable un vendeur ou un prestataire de service est, comme les prélèvements de toute nature assis en addition à cette taxe, un élément qui grève le prix convenu avec le client et non un accessoire du prix qu'en vertu des dispositions précitées, l'assiette de la taxe sur la valeur ajoutée est égale au prix convenu entre les parties, diminué notamment de la taxe exigible sur cette opération que cette règle d'assiette est applicable alors même que le fournisseur n'a pas facturé de manière distincte la taxe dont il sera redevable du fait de l'affaire, empêchant ainsi seulement son client d'exercer éventuellement son droit à déduire la taxe grevant le prix convenu que, de même, le fait que le redevable ne s'est pas spontanément acquitté de la taxe sur la valeur ajoutée et des autres prélèvements de toute nature assis en addition à cette taxe, justifie que les droits rappelés soient majorés des pénalités prévues par la loi, mais ne modifie pas les règles de calcul de ces droits que par suite, lorsqu'un assujetti réalise une affaire moyennant un prix convenu qui ne mentionne aucune taxe sur la valeur ajoutée, dans des conditions qui ne font pas apparaître que les parties seraient convenues d'ajouter au prix stipulé un supplément de prix égal à la taxe sur la valeur ajoutée applicable à l'opération, la taxe due au titre de cette affaire doit être assise sur une somme égale au prix stipulé, diminué notamment du montant de ladite taxe.* »

**Les faits de l'arrêt étaient les suivants :** le Comité était chargé de développer la publicité de ce fruit dans la presse et sur les ondes. Il percevait, en contrepartie de ces services de nature commerciale, des cotisations versées par les producteurs, les importateurs et les producteurs de bananes. Le Comité avait cru que ces cotisations n'étaient pas assujetties à la TVA. Dans ces conditions, il n'avait pas facturé la TVA à ses adhérents. À la suite d'une vérification, l'administration a estimé que ces cotisations étaient passibles de la TVA.

**L'enjeu était le suivant :** un organisme réclame 100 de cotisation à un de ses adhérents, il ne fait pas état de la TVA puisqu'il estime ne pas y être assujetti. Lorsqu'ultérieurement, l'administration soumet les cotisations à la TVA, sur quelle base doit être calculée la TVA ?

Si on considère que le prix est hors taxe, l'impôt dû est de 10, en prenant un taux théorique de 10 %. Mais l'organisme n'a perçu qu'un prix de 100 et non 110.

Si on considère que le prix encaissé est Toutes Taxes Comprises, l'impôt dû est de 100 x (100/110) x 10 %, soit 9,09. Le prix Hors Taxe est alors de 90.91.

**La question posée au Conseil d'État était donc la suivante :** en l'absence de toute précision figurant dans un contrat, le prix stipulé doit-il être réputé

1. CE Sect., 14 décembre 1979 : *Dr. fisc.* 1979, n° 15, comm. 869, concl. B. Martin-Laprade.

hors taxe ou toutes taxes comprises ? S'il est réputé hors taxe, la TVA doit être calculée sur la somme mentionnée dans le contrat. S'il est réputé toutes taxes comprises (TTC), il faut, avant de calculer la TVA, le transformer en un prix hors taxe en application de l'article 267-II du code.

Le Conseil d'État répond très clairement que **si le contrat ne mentionne pas explicitement la TVA, l'assiette imposable doit être calculé sur une somme égale au prix stipulé, diminué du montant de la taxe.** Il n'en irait autrement que si les parties avaient prévu dans leur contrat le versement de la TVA, dans le cas où cet impôt aurait dû être appliqué.

Le juge de l'impôt considère ainsi que la TVA ne peut être assise que sur des sommes réellement encaissées[1]. Cela signifie, également, que la théorie de l'acte anormal de gestion ne s'applique pas en matière de TVA.

## 2 – Les exceptions

**407-** Deux exceptions doivent être envisagées.

### A – La TVA sur la marge

**408-** En application de l'article 297 A I, 1 du CGI, la TVA est calculée sur **la marge,** c'est-à-dire la différence entre le prix d'achat et le prix de vente, notamment, dans les cas suivants :

– Négoce de biens d'occasions

– Agences de voyages

– Marchands de biens

■ **Exemple**

Un négociant acquiert un véhicule automobile auprès d'un particulier pour un prix de 5 000 €. Ce prix est sans taxe.

Étant assujetti à la TVA compte tenu de son activité économique, il revendra ce véhicule à un prix toutes taxes comprises.

S'il prend une marge commerciale de 4 000 €, la base d'imposition sera alors de 4 000 €.

Soit une TVA facturée au client au taux de 19,6 % pour un montant de 784 €.

Dans ce cas, le particulier qui rachète le véhicule au négociant acquitte un prix total de 9 784 €.

1. CE, 19 février 1975, Bonnafous : *Dr. fisc.* 1975, n° 23, comm. 799.

### B – Les échanges

**409**- L'échange est considéré comme une double vente dont le prix est payé en nature, selon les termes de l'article 76-1 de l'annexe II au CGI.

Les échanges interviennent fréquemment en matière de ventes de véhicules avec reprises.

> **■ Exemple**
>
> Un garagiste vend une camionnette neuve à l'entreprise Dupont 10 000 € avec une TVA de 19,60 %, soit 1 960 €.
>
> L'entreprise Dupont a un véhicule utilitaire à faire reprendre 3 000 €.
>
> La base d'imposition à la TVA s'établit de la façon suivante :
>
> Facture garagiste : 10 000 x 19,60 % = 1 960 €
>
> Facture Dupont : 3 000 x 19,60 % = 588 €
>
> Le garagiste déclare une TVA collectée de 1 960 et a une TVA déductible de 588 €.
>
> De son côté, l'entreprise Dupont déclare une TVA collectée de 588 € et a une TVA déductible de 1 960 €.
>
> Si la vente est réalisée au profit d'un particulier, la solution dépend de la destination du véhicule repris. Soit le véhicule repris est destiné à la revente, la vente du nouveau véhicule est soumise à la TVA sur l'intégralité du prix. Soit le véhicule repris est destiné à la casse, le montant de la reprise est considéré comme un rabais qui vient en déduction de la base d'imposition du nouveau véhicule.

## SECTION II – Le fait générateur et l'exigibilité

### 1 – Définition des deux concepts

**410**- La VI^e^ directive définit le fait générateur comme « *le fait par lequel sont réalisées les conditions légales nécessaires pour l'exigibilité de la taxe* ». Autrement dit, il s'agit de l'événement dont la survenance donne naissance à la créance du Trésor sur le contribuable. L'exigibilité peut être définie comme l'événement dont la survenance permet au Trésor d'obtenir le paiement.

**411**- Le fait générateur apparaît comme un phénomène à connotation théorique puisqu'il est utilisé pour déterminer, en cas de changement de législation, le régime applicable. En revanche, l'exigibilité a un rôle pratique plus important puisqu'elle détermine, à la fois, la période au titre de laquelle le montant des opérations imposables doit faire l'objet d'une déclaration avec paiement de l'impôt correspondant et la date à laquelle le droit à déduction prend naissance chez l'utilisateur du bien ou du service.

### 2 – Les implications de la distinction en matière de livraisons de biens meubles corporels

**412-** L'article 269 du CGI situe les deux notions dans la livraison même du bien : lorsque la machine est livrée chez le client survient le fait générateur de la TVA, mais elle devient aussi exigible chez le fournisseur qui doit l'acquitter le même mois, quelle que soit la date à laquelle son client lui règle le prix puisqu'il est astreint à une comptabilité d'engagement et à verser l'impôt sur ses créances acquises.

**413-** Affirmer que le paiement de la livraison n'a pas d'incidence sur les obligations en matière de TVA signifie que le paiement d'un acompte du prix avant la livraison ne constitue ni le fait générateur ni l'exigibilité. En revanche, si la créance demeure impayée par le client, le vendeur lui adresse une facture rectificative qui oblige le client à reverser la TVA qu'il avait déduite au vu de la facture initiale et qui permet au vendeur de déduire la TVA qu'il avait acquittée au titre de cette livraison en l'imputant sur la TVA dont il est redevable au titre de ses nouvelles livraisons.

### 3 – Les implications de la distinction en matière de prestations de services

**414-** En matière de prestation de services, le fait générateur et l'exigibilité n'ont pas vocation à se confondre dans un même événement. Si le premier est constitué par l'accomplissement du service, le second est matérialisé par l'encaissement des acomptes et du prix.

**415-** Il en résulte que chaque encaissement d'acompte rendra la TVA exigible à due concurrence, alors même que le fait générateur n'est pas encore intervenu puisque la prestation de service n'a pas encore été rendue.

■ **Exemple**

La société Cyrix fabrique des modems et des logiciels diffusés dans le grand public. À ce titre, au cours du mois de décembre 2004, elle a réalisé des livraisons de modems pour un montant hors taxe de 100 000 €. Quand doit-elle acquitter la TVA correspondante au service des Impôts ?

Par ailleurs, elle effectue des prestations de services dans le domaine informatique. Au cours du mois de décembre 2004, elle a facturé des logiciels spécifiques pour un montant de 50 000 €. Ces prestations seront payées en février 2005. Quand doit-elle acquitter la TVA correspondante au service des Impôts ?

■ **Corrigé**

La TVA est exigible dès la livraison des modems. La TVA doit être acquittée au titre de ce mois de décembre 2004 si elle est soumise à l'obligation de déclarer sa TVA mensuellement ou dans le cadre du dernier trimestre civil si elle est soumise à l'obligation de déposer une déclaration trimestrielle.

S'agissant des logiciels, il y a lieu de distinguer les logiciels spécifiques des logiciels standards. L'instruction administrative du 26 février 1996 3A-1-96 précise que les produits standards sont des articles fabriqués en série qui peuvent être acquis par tous les clients et être utilisés par eux après leur installation et une formation limitée, pour la réalisation des mêmes applications ou fonctions. Ils sont constitués d'un ensemble cohérent de programmes et de matériels d'appui et comportent souvent des services d'installation, de formation et de maintenance. La plupart des logiciels pour micro-ordinateur, les logiciels pour ordinateur domestique et les logiciels de jeux appartiennent à cette catégorie. Tel est également le cas des logiciels standards adaptés, à l'initiative des fournisseurs, par incorporation d'un dispositif de sécurité ou de dispositifs analogues. En revanche, les logiciels spécifiques s'analysent en des prestations.

La TVA est exigible s'agissant des ventes lors de la livraison et, concernant les prestations lors, du paiement du prix. Au cas particulier, la TVA sera acquittée au titre de février 2005 ou du premier trimestre 2005 selon le régime d'imposition.

## SECTION III – Le taux

**416-** La loi du 6 janvier 1966 avait institué quatre taux : le taux réduit, le taux normal, le taux intermédiaire et le taux majoré. Les taux normal et intermédiaire ont été ramenés au même niveau par la loi de finances pour 1977.

**417-** Le taux majoré qui était de 33 1/3 % depuis le 1er janvier 1970 a été ramené à 28 % à partir du 1er décembre 1988 par la loi de finances pour 1989, puis à 25 % à partir du 15 septembre 1989 par la loi de finances pour 1990, et à 22 % pour certains produits. Enfin, la loi n° 91.716 du 26 juillet 1991 portant diverses dispositions d'ordre économique et financier a supprimé, à compter du 1er janvier 1993, le taux majoré et le taux intermédiaire de la TVA.

**418-** Cette évolution est due à l'Union européenne et traduit ce que certains ont appelé une perte de souveraineté fiscale puisqu'un État membre ne peut soumettre un produit ou un service à un taux différent que celui qui est prévu dans la directive européenne. S'il entend abaisser le taux applicable, il doit obtenir l'accord des autres États membres.

## 1 – Le taux réduit

**419- La VI^e Directive prévoit que le taux réduit ne peut être inférieur à 5 %. La France a fixé le taux réduit à 5,5 % depuis le 1^er janvier 1989**. Il s'applique exclusivement à certaines opérations limitativement énumérées par la loi : eau, produits alimentaires, à l'exclusion des boissons alcooliques et de quelques produits alimentaires solides (margarines et graisses végétales, produits de confiserie, lesquels obéissent à un régime complexe, certains produits bénéficiant du taux réduit et d'autres du taux normal), les médicaments (destinés à l'usage de la médecine humaine, sauf ceux qui sont remboursés par la Sécurité sociale, qui bénéficient du taux de 2,1 %), appareillages et équipements spéciaux pour handicapés, produits d'origine agricole, de la pêche, de la pisciculture, de l'aviculture qui n'ont subi aucune transformation, certains produits destinés à l'alimentation animale, produits à usage agricole (amendements calcaires, engrais) et livres.

**420-** Un grand nombre de prestations de services relèvent du taux réduit parmi lesquels on trouve les transports de voyageurs, quel qu'en soit leur mode, la fourniture de logement en hôtel ou en meublé, la fourniture de repas dans les cantines d'entreprise et les hôpitaux, les prestations relatives à la fourniture et à l'évacuation de l'eau, les commissions, courtages et façons portant sur les produits relevant du taux réduit, certains services relatifs à la presse, certains spectacles, les abonnements à l'électricité, au gaz ou au chauffage urbain.

## 2 – Le taux normal

**421- La VI^e Directive prévoit que le taux normal ne peut être inférieur à 15 %.** Le taux normal est fixé à 19,6 % depuis le 1^er avril 2000, après avoir été à 18,6 % puis à 20,6 %. Le champ d'application de ce taux se définit de manière négative, puisque le taux réduit s'applique exclusivement aux opérations faisant l'objet d'une énumération expresse et limitative de la loi.

On notera pour l'essentiel que le taux de 19,6 % s'applique ainsi aux boissons alcooliques, aux produits énergétiques, aux produits manufacturés, à la majorité des services et, notamment, aux activités libérales, aux transports de marchandises et aux ventes à consommer sur place.

# CHAPITRE 11

# LES DÉDUCTIONS

**422-** Selon le principe fondamental de la TVA énoncé à l'article 271-I-1 du CGI, la taxe sur la valeur ajoutée qui a grevé les éléments du prix d'une opération imposable est déductible de la taxe applicable à cette opération.

En application de ce principe, la TVA acquittée par un redevable au titre d'une acquisition intracommunautaire est déductible depuis le 1^er^ janvier 1993 dès lors qu'elle a grevé les éléments du prix d'une opération imposable et qu'elle ne fait pas l'objet d'une limitation ou d'une exclusion particulière.

Cependant, les redevables n'acquittant pas la taxe opération par opération, mais procédant à sa liquidation pour l'ensemble des opérations réalisées au cours d'une période déterminée, sont nécessairement conduits à globaliser l'imputation de la taxe ayant frappé l'ensemble des acquisitions de biens ou de services réalisées au cours d'une période déterminée.

En tout état de cause, le droit à déduction ne se justifie que si le coût des biens et des services acquis par un redevable se répercute effectivement dans le prix des opérations imposables que celui-ci réalise.

## SECTION I – Les conditions du droit à déduction

**423-** Les conditions de l'existence du droit à déduction sont relatives à des questions de forme, de temps et d'affectation des biens ou des services acquis.

### 1 – Les conditions formelles

**424-** Dans la mesure où les biens et services sont utilisés pour les besoins de leurs opérations imposables et à la condition que ces opérations ouvrent droit à déduction, la taxe dont les redevables peuvent opérer la déduction est celle qui figure sur les factures d'achat délivrées par leurs vendeurs dans la mesure où ceux-ci sont légalement autorisés à la mentionner, celle qui a été perçue à l'importation, celle qui a été acquittée par les redevables eux mêmes lors de l'achat ou de la livraison à soi-même et, enfin, celle qui correspond aux factures d'acquisitions intracommunautaires.

**425-** La déduction ne peut pas être opérée si les redevables ne sont pas en possession, soit des factures, soit de la déclaration d'importation sur laquelle ils sont désignés comme destinataires réels. Ces règles ont été assouplies par la loi de finances rectificatives pour 2002 qui a modifié, notamment, les articles 271-II et 289 du CGI. Ce dernier article a permis la transmission des factures dématérialisées et a supprimé l'exigence d'un document écrit dès lors que les conditions liées à la signature électronique et à l'obligation de conservation sont remplies.

## 2 – Les conditions de temps

**426-** La déduction de la taxe ayant grevé les biens constituant des immobilisations est opérée par imputation sur la taxe due par l'entreprise au titre du mois pendant lequel le droit à déduction a pris naissance. Depuis le 1er janvier 1993, ce principe s'applique également pour la déduction de la taxe ayant grevé l'acquisition d'un bien autre qu'une immobilisation et les services.

En application de l'ancien article 217 de l'annexe II au CGI, la taxe ayant grevé les biens autres que les immobilisations et les services était imputée sur la taxe due par l'entreprise au titre du mois suivant celui au cours duquel le droit à déduction avait prix naissance. Il s'agissait de la règle du décalage d'un mois.

**427-** Cependant un assujetti peut oublier d'imputer une TVA déductible sur la TVA collectée de la période. Son droit n'est pas, pour autant, perdu. Les déductions qui n'auraient pas été effectuées dans ces délais peuvent être opérées avant le 31 décembre de la deuxième année qui suit celle de l'omission à condition d'être mentionnées précisément sur les déclarations de TVA.

## 3 – Les conditions tenant à la propriété et à l'affectation des biens

**428-** La circonstance qu'un redevable ne soit pas propriétaire, au sens juridique du terme, des biens qu'il utilise, n'interdit pas la déduction de la TVA si les conditions de droit commun sont effectivement remplies et si les dépenses afférentes à ces biens sont constatées et supportées par le redevable lui-même.

**429-** Il en va ainsi pour les travaux de grosses réparations et d'amélioration d'immeubles. Les preneurs peuvent réaliser divers travaux qui leur incombent et déduire la TVA correspondante. Mais, il est fréquent que les locataires prennent en charge la réalisation et le financement de travaux qui relèvent, en principe, des propriétaires. La TVA que supporte le preneur est déductible dans les conditions de droit commun. Cette règle s'applique également en faveur de l'usufruitier.

**430-** La remise matérielle d'un bien faisant l'objet d'une clause de réserve de propriété est assimilée à un transfert de propriété. La taxe afférente à de telles ventes est déductible par l'acquéreur dans les conditions de droit commun.

## SECTION II – Les modalités d'exercice

**431-** La déduction s'opère en principe par l'imputation et, à défaut, par la restitution à l'assujetti de l'excédent de TVA déductible.

### 1 – L'imputation

**432-** La déduction de la taxe ayant grevé les divers éléments du prix des opérations ouvrant droit à déduction est opérée en priorité par imputation, selon l'article 271-III 1 du CGI et l'article 224-2 de l'annexe II au CGI.

**433-** Les modalités varient selon le régime d'imposition auquel est soumis l'assujetti. Il existe deux régimes d'imposition dont le champ d'application dépend du montant du chiffre d'affaires réalisées au cours de l'année civile ou d'un exercice de douze mois.

Le régime réel normal est réservé aux entreprises qui réalisent un chiffre d'affaires hors taxe d'au moins 750 000 € si elles réalisent une activité d'achat revente et d'au moins 230 000 € si elles réalisent une activité de prestation de services.

Dans ces hypothèses, les entreprises déposent des déclarations mensuelles sur lesquelles elles imputent leur TVA déductible sur la TVA qu'elles ont collectée.

Le régime simplifié d'imposition concerne les entreprises qui réalisent un chiffre d'affaires inférieur à 750 000 € ou à 230 000 €, selon la nature de leur activité.

L'imputation est faite annuellement lors du dépôt de la déclaration annuelle. Cette déclaration doit être déposée au plus tard le 30 avril de l'année suivant l'année d'imposition. Sur cette déclaration, le redevable indique le montant du chiffre d'affaires réalisé et la TVA collectée correspondante ainsi que la TVA déductible. Dans la très grande majorité des cas, l'entreprise doit acquitter une TVA nette, c'est-à-dire qu'elle a collecté plus de TVA auprès de ses clients qu'elle n'a de TVA déductible supportée sur ses achats.

**■ Remarques pratiques**

Un excédent se rencontre lorsque l'entreprise a acquis des immobilisations, réalise des exportations ou vend moins cher qu'elle n'achète. Cette dernière situation risque de la conduire vers une procédure de redressement voire un jugement de liquidation judiciaire.

## 2 – Le remboursement de l'excédent de TVA déductible

### A – Le régime général

434- La taxe déductible dont l'imputation n'a pas pu être opérée peut faire l'objet d'un remboursement selon l'article 271 IV du CGI.

435- Les assujettis qui sont soumis au régime réel d'imposition peuvent demander le remboursement au terme de chaque année civile dès lors que le crédit est supérieur à 150 €. Cette demande doit être faite au cours du mois de janvier de l'année suivante.

Ils peuvent solliciter le remboursement dans le cadre du trimestre à condition que chacune des déclarations de chiffre d'affaires déposée au titre du trimestre soit créditrice et que le remboursement porte sur un montant minimum de 760 €.

Ces possibilités sont offertes aux assujettis soumis aux régimes réels normal et simplifié d'imposition.

436- Le crédit dont le remboursement a été demandé ne peut plus donner lieu à imputation. En conséquence, dès le dépôt de sa demande, l'entreprise doit réduire son crédit du montant du remboursement demandé.

Lorsque le remboursement a été effectué, le crédit remboursé est définitivement annulé.

**■ Exemple**

La société Dubois est soumise au régime réel normal d'imposition. À ce titre, elle dépose sa déclaration de TVA de décembre 2004 sur laquelle apparaît un excédent de TVA déductible par rapport à la TVA collectée. Le montant de cet excédent est de 1 500 €.

Elle peut demander le remboursement dès lors que le montant excède 150 €. Elle est libre dans la détermination du montant de sa demande sans qu'il puisse être inférieur à 150 €.

Si elle demande l'intégralité de son excédent, elle ne pourra pas le reporter sur sa déclaration de janvier 2005.

### B – Les régimes particuliers

437- Les entreprises exportatrices vers des pays tiers ou effectuant des livraisons intracommunautaires sont en principe soumises au régime général de remboursement. Elles peuvent bénéficier d'une procédure spéciale de remboursement qui se caractérise pour les redevables soumis au dépôt des déclarations mensuelles par une périodicité également mensuelle de remboursement, par un plafond de remboursement fixé à hauteur du montant de taxe qui serait dû à raison de la réalisation des opérations exonérées et, enfin, par une absence de montant minimum de remboursement. Pour éviter ces procédures, elles peuvent solliciter auprès de l'administration un contingent d'achat en franchise de TVA.

**438-** Les entreprises étrangères qui ne sont pas établies en France et qui n'y réalisent pas d'opérations imposables peuvent obtenir le remboursement de la taxe ayant grevé leurs acquisitions faites en France à des fins professionnelles selon une procédure spéciale prévue par une directive communautaire.

**439-** Les entreprises ont également la possibilité de recourir aux procédures administratives de droit commun et, plus particulièrement, d'introduire un référé-provision auprès du juge administratif.

## SECTION III – Les éléments exclus du droit à déduction

### 1 – Les limitations d'ordre général

**440-** Selon les dispositions de l'article 230-1 de l'annexe II au CGI, la TVA ayant grevé les biens et les services que les assujettis à cette taxe ont supporté, n'est déductible que si ces biens et services sont nécessaires à l'exploitation.

**441-** Le texte retient la notion de nécessité. Il est préférable d'utiliser la notion moins restrictive d'intérêt de l'entreprise comme en matière d'impôt sur les bénéfices. Cela signifie que la TVA de toutes les dépenses engagées dans l'intérêt de l'entreprise est déductible. *A contrario*, les biens acquis pour des besoins autres que ceux de l'entreprise, à savoir les besoins privés des dirigeants, ceux de son personnel et, d'une manière générale, pour des besoins étrangers à ceux de l'entreprise, sont interdits de déduction.

Cette condition de nécessité est une question de fait.

Il a été jugé que la taxe qui a grevé les sommes que verse une entreprise pour disposer de chasses, auxquelles sont invités ses clients, ne peut être regardée comme correspondant à des services rendus pour les besoins de l'exploitation. De même, n'est pas déductible la TVA ayant grevé les frais de fonctionnement d'un yacht appartenant à une société qui ne justifie pas que ce bateau, qui n'avait d'ailleurs reçu aucun aménagement de nature à limiter son usage à des fins exclusivement professionnelles, constituait un élément nécessaire à son exploitation[1].

1. CE, 3 février 1986, n° 46806, SA « agence Avis » : *RJF* 4/86, n° 361

## 2 – Les limitations spécifiques

**442-** Elles sont de deux ordres.

### A – La mention irrégulière de la TVA sur les factures ou la facturation de complaisance

**443-** L'article 271 II 1 a du CGI précise que la déduction n'est possible que dans la mesure où ces derniers étaient légalement autorisés à faire figurer la TVA sur les factures. Autrement dit, la facturation doit être régulière.

**444-** Cette exigence doit être rapprochée de l'article 283-3 du CGI, selon lequel

« *Toute personne qui mentionne la TVA sur une facture ou tout autre document en tenant lieu est redevable du seul fait de sa facturation.* »

Dans cette situation, qui concerne la mention erronée ou simplement irrégulière de la TVA, la taxe acquittée est due par le fournisseur, du seul fait qu'il l'a facturée. Mais, de son côté, le client ne peut pas déduire cette taxe facturée à tort.

**445-** Il y a, également, le cas des facturations frauduleuses prévu à l'article 283-4 du CGI, lequel dispose

« *Lorsque la facture ou le document ne correspond pas à la livraison d'une marchandise ou à l'exécution d'une prestation de services, ou fait état d'un prix qui ne doit pas être effectivement acquitté par l'acheteur, la taxe est due par la personne qui l'a facturée.* »

Dans ce cas, la taxe ne peut faire l'objet d'aucune déduction. Il s'agit de l'hypothèse où il n'y a aucune opération économique entre l'émetteur de la facture et le soit disant bénéficiaire.

### B – Les limitations visant certains biens et services

**446-** Plusieurs dispositions du CGI excluent la déduction de la TVA. Certaines qui sont également prévues par les directives communautaires ne soulèvent pas de difficultés. Il en est, ainsi, de l'exclusion de la déduction de la TVA frappant les dépenses relatives aux véhicules de tourisme engagées par une entreprise considérée, dans ce cas, comme un consommateur final.

**447-** En revanche, une autre exclusion a fait l'objet de contestation de la part de contribuables. Il s'agit de l'article 236 de l'annexe II au CGI. Cet article qui avait été adopté sur le fondement de la décision 89/487/CEE du Conseil du 28 juillet 1989, avait exclu du droit à déduction de la TVA les dépenses de logement, de restaurant, de réception et de spectacles quel qu'en soit le bénéficiaire.

Par un arrêt « Ampafrance SA Sanofi Synthélabo » du 19 septembre 2000[1], la CJCE a jugé invalide la décision précitée du Conseil et a censuré le dispositif qui excluait la déduction de la TVA.

L'administration fiscale française a précisé, dans un bulletin officiel en date du 13 novembre 2000, que la mesure d'exclusion n'était plus applicable aux dépenses de logement, de restauration, de réception et de spectacles supportés par les redevables au bénéfice de tiers à leur entreprise. Mais ces dépenses devaient être engagées pour les besoins de leur activité soumise à la TVA.

L'exclusion de la déduction restait applicable aux dépenses qui sont supportées par les entreprises au bénéfice de leurs dirigeants et salariés. Cette mesure prévue par le décret du 27 juillet 1967 n'était pas affectée par l'invalidité de la décision du Conseil européen.

À la suite d'un recours pour excès de pouvoir contre cette instruction, par un arrêt du 27 mai 2002[2], le Conseil d'État a annulé partiellement cette instruction, en tant qu'elle inclut au nombre des dépenses de restaurant, de réception et de spectacles qui n'ouvrent pas droit à déduction de la TVA celles que supportent les entreprises du fait de la participation de leurs dirigeants ou salariés à des repas, réceptions ou divertissements organisés dans le seul intérêt de leur activité.

Par ce même arrêt, le juge administratif confirme, en revanche, que demeurent exclues du droit à déduction toutes les dépenses d'hébergement et de logement que les entreprises supportent au bénéfice de leurs dirigeants et salariés.

Les déductions qui ne sont plus exclues en application de ce texte spécial sont désormais permises sous la réserve du respect des limitations d'ordre général prévues à l'article 230-1 de l'annexe II au CGI.

## SECTION IV – Les règles particulières en matière de droit à déduction

**448-** Deux règles particulières doivent être évoquées.

1. CJCE, 19 septembre 2000, aff. C-177/99 et C-181-99 : *Dr. fisc.* 2000, n° 43, comm. 812.
2. *BOI* 3 D-3-02 : *Dr. fisc.* 2002, n° 36, Instructions n° 12884.

## 1 – Les principes généraux applicables aux assujettis partiels

### A – Le principe de l'affectation

**449-** Depuis l'arrêt Satam[1] et la modification de l'article 271-II-1 du CGI, la TVA afférente aux biens et services n'est déductible que dans la mesure où ils sont acquis pour les besoins d'opérations imposables, c'est-à-dire situées dans le champ d'application de la TVA.

**450-** Les assujettis doivent, dès la réalisation de leurs dépenses, les affecter à leurs activités hors du champ d'application de la TVA ou à leurs activités situées dans le champ d'opérations imposables en fonction de leur utilisation.

Dans l'hypothèse de dépenses à usage mixte, le redevable doit déterminer la proportion de cette utilisation à des opérations imposables pour connaître le montant de la TVA y afférente qu'il sera en droit de déduire.

### B – Les conséquences d'un changement dans l'affectation des immobilisations

**451-** Pour les dépenses mixtes autres que les immobilisations, la clef de répartition déterminée par l'entreprise lors de l'imposition ne fait pas en principe l'objet de régularisation.

En revanche, la clef de répartition utilisée par l'entreprise pour l'acquisition d'immobilisations peut donner lieu à une régularisation de la déduction initiale lorsque l'utilisation des biens a évolué de façon substantielle.

## 2 – Les règles applicables aux redevables partiels

### A – Les principes

**452-** Les entreprises qui ne sont que partiellement redevables de la TVA, ne déduisent pas la taxe ayant grevé l'acquisition des biens ou des services selon une règle uniforme pour la totalité des biens ou des services.

S'agissant des biens qui constituent des immobilisations utilisées pour des secteurs situés dans le champ d'application de la TVA, le montant de la TVA déductible est toujours déterminé selon la règle du pourcentage général de déduction, après l'application éventuelle du principe de l'affectation.

En revanche, pour les services et les biens qui ne s'analysent pas en des immobilisations, les modalités de déduction sont déterminées en application de

1. Précité.

la règle de l'affectation. La déduction est totale si le bien sert exclusivement à une activité imposable. Elle est nulle dans l'hypothèse inverse. En cas d'utilisation mixte, il convient d'appliquer le pourcentage général de déduction.

**453-** Ce pourcentage de déduction applicable au cours d'une année donnée est déterminé, dans un premier temps, de manière provisoire. Il est calculé à partir, soit du chiffre d'affaires réalisé au cours de l'année civile précédente, soit du chiffre d'affaires prévisionnel de l'année civile en cours selon l'article 214 de l'annexe II au CGI. Une régularisation est faite au début de l'année suivante en fonction du pourcentage définitif.

Ce pourcentage est le rapport existant entre le montant total annuel du chiffre d'affaires afférent aux opérations ouvrant droit à déduction et le montant total du chiffre d'affaires afférent à l'ensemble des opérations situées dans le champ d'application de la TVA.

## B - Les règles particulières

**454-** La règle de l'affectation et celle de l'unicité du pourcentage peuvent faire l'objet de dérogations.

### 1 - Application du pourcentage de déduction à l'ensemble des biens et services

**455-** En application de l'article 220 de l'annexe II au CGI, par dérogation à la règle de l'affectation, les entreprises peuvent être autorisées à déterminer, pour l'ensemble des biens ne constituant pas des immobilisations et pour l'ensemble des services, le montant de leurs droits à déduction qui s'applique alors à l'ensemble de leurs acquisitions de biens ou de services.

### 2 - Entreprise fractionnant leur activité

**456-** Les entreprises qui exploitent des secteurs d'activités qui ne sont pas soumis à des dispositions identiques au regard de la TVA doivent déterminer un pourcentage de déduction pour chaque activité. Il en est ainsi lorsqu'une entreprise exerce, à la fois, une activité exonérée et une activité imposable. Dans ce cas, chaque secteur est considéré comme une entreprise distincte pour l'exercice du droit à déduction selon l'article 213 de l'annexe II au CGI.

CAS PRATIQUE DE SYNTHÈSE

# LA TVA

La société Zébulon a réalisé les opérations suivantes au titre de décembre 2004.

Elle a réalisé des ventes facturées et livrées pour un montant HT de 100 000 €.

Elle a également facturé des prestations de services pour un montant HT de 160 000. Toutefois, ses encaissements n'ont été que de 110 000 HT.

Par ailleurs, elle a acquis un véhicule de tourisme auprès d'un fournisseur allemand pour un montant HT de 50 000.

Elle a également acquis des immobilisations pour un montant HT de 300 000.

Vous devez déterminer la TVA nette à payer de décembre 2004.

S'agissant de la TVA collectée, on s'intéresse en premier lieu aux ventes et aux prestations de services. L'exigibilité pour les ventes est synonyme de transfert de propriété. Pour les prestations de services, il faut tenir compte de l'encaissement.

Les ventes facturées et livrées s'établissent à 100 000 HT, soit une TVA de 19 600.

Les prestations de services facturées s'établissent à 160 000 HT. Les recettes encaissées s'établissent à 110 000 HT. Cette somme doit être prise en compte, soit une TVA de 21 560.

La TVA collectée s'établit globalement à 41 160.

Enfin, dernier élément en matière de TVA collectée : l'acquisition intracommunautaire. La société a acquis un véhicule de tourisme auprès d'un fournisseur allemand. Elle doit mentionner la TVA correspondante sur sa déclaration et la verser.

La TVA collectée qui s'établit à 50 960 se décompose de la manière suivante :

| | |
|---|---|
| *TVA sur ventes* | *19 600* |
| *TVA sur prestations* | *21 560* |
| *TVA sur acquisitions intra-communautaires* | *9 800* |

S'agissant de la TVA déductible, elle a acquis des immobilisations pour un montant HT de 300 000. Elle peut déduire cette TVA.

En revanche, la TVA relative à l'acquisition du véhicule n'est pas déductible dès lors que le code général des impôts prohibe la déduction. La société en acquérant un tel bien se comporte en un consommateur final, ce qu'elle ne serait pas si elle avait acquis un véhicule utilitaire.

La TVA déductible se limite à 58 800.

La TVA nette de décembre 2004 se détermine alors de la manière suivante :

| | |
|---|---|
| *TVA collectée* | *50 960* |
| *TVA déductible* | *58 800* |

La société Zébulon a un excédent de TVA déductible sur sa TVA collectée de 7 840 euros. Dès lors que celui-ci est supérieur à la somme de 150 euros, elle peut demander la restitution, totale ou partielle, au Trésor public ou se limiter à le reporter, totalement ou partiellement, sur sa déclaration de janvier 2005.

Internet-DGI

Si vous n'avez à remplir aucune ligne de ce formulaire (déclaration « néant »), veuillez cocher la case à droite | 0010 | ☐

## A MONTANT DES OPÉRATIONS RÉALISÉES

| OPÉRATIONS IMPOSABLES (H.T.) | | | OPÉRATIONS NON IMPOSABLES | | |
|---|---|---|---|---|---|
| 01 Ventes, prestations de services | | 210000 | 04 Exportations hors CE | 0032 | |
| 02 Autres opérations imposables | 0981 | | 05 Autres opérations non imposables | 0033 | |
| 03 Acquisitions intracommunautaires (dont ventes à distance et/ou opérations de montage ) | 0031 | 50000 | 06 Livraisons intracommunautaires | 0034 | |
| 3A Livraisons de gaz naturel ou d'électricité imposables en France | 0030 | | 6A Livraisons de gaz naturel ou d'électricité non imposables en France | 0029 | |
| | | | 7 Achats en franchise | 0037 | |
| 3B Régularisations (Important : cf. notice) | 0036 | | 7B Régularisations (Important : cf. notice) | 0039 | |

## B DÉCOMPTE DE LA TVA À PAYER

**TVA BRUTE**

| | | Base hors taxe | Taxe due |
|---|---|---|---|
| **Opérations réalisées en France métropolitaine** | | | |
| 08 Taux normal 19,6 % | 0206 | 260000 | 50960 |
| 09 Taux réduit 5,5 % | 0105 | | |
| 9B | | | |
| **Opérations réalisées dans les DOM** | | | |
| 10 Taux normal 8,5 % | 0201 | | |
| 11 Taux réduit 2,1 % | 0100 | | |
| 12 | | | |
| **Opérations imposables à un autre taux (France métropolitaine ou DOM)** | | | |
| 13 Ancien taux | 0900 | | |
| 14 Opérations imposables à un taux particulier (décompte effectué sur annexe 3310 A) | 0950 | | |
| 15 TVA antérieurement déduite à reverser | 0600 | | |

**La ligne 11 ne concerne que les DOM. Les autres opérations relevant du taux de 2,1 % continuent d'être déclarées sur l'annexe 3310 A.**

| | | |
|---|---|---|
| 16 **Total de la TVA brute due (lignes 08 à 15)** | | 50960 |
| 17 **Dont TVA sur acquisitions intracommunautaires** | 0035 | 9800 |
| 18 **Dont TVA sur opérations à destination de Monaco** | 0038 | |

**TVA DÉDUCTIBLE**

| | | |
|---|---|---|
| 19 Biens constituant des immobilisations | 0703 | 58800 |
| 20 Autres biens et services | 0702 | |
| 21 Autre TVA à déduire (dont régularisation sur de la TVA collectée [cf. notice] ) | 0059 | |
| 22 Report du crédit apparaissant ligne 27 de la précédente déclaration | 8001 | |

23 *Indiquer ici le pourcentage de déduction applicable pour la période s'il est différent de 100 %* ____ %

24 **Total TVA déductible (lignes 19 à 22)**

| CRÉDIT | | | TAXE À PAYER | | |
|---|---|---|---|---|---|
| 25 Crédit de TVA (ligne 24 – ligne 16) | 0705 | 7840 | 28 TVA nette due (ligne 16 – ligne 24) | | |
| 26 Remboursement demandé sur formulaire n° 3519 joint | 8002 | | 29 Taxes assimilées calculées sur annexe n° 3310 A | 9979 | |
| 27 Crédit à reporter (ligne 25 – ligne 26) *(Cette somme est à reporter ligne 22 de la prochaine déclaration)* | 8003 | | 30 Sommes à imputer, exprimées en euros, y compris acompte congés | 9989 | |
| | | | 31 Sommes à ajouter, exprimées en euros, y compris acompte congés | 9999 | |
| **Attention! Une situation de TVA créditrice (ligne 25 servie) ne dispense pas du paiement des taxes assimilées déclarées ligne 29.** | | | 32 **Total à payer (lignes 28 + 29 – 30 + 31)** *(N'oubliez pas de joindre le règlement correspondant)* | | |

Les dispositions des articles 34, 35 et 36 de la loi n° 78-17 du 6 janvier 1978 modifiée relative à l'informatique, aux fichiers et aux libertés s'appliquent : elles garantissent, pour les données vous concernant, auprès du service des impôts, un droit d'accès et un droit de rectification.
Si vous réalisez des opérations intracommunautaires, pensez à la déclaration d'échanges de biens à souscrire auprès de la Direction Générale des Douanes et des Droits indirects (cf. notice de la déclaration CA3).

**Document E**

# TITRE IV

# LE CONTRÔLE FISCAL DES ENTREPRISES COMMERCIALES

**457-** Le système fiscal français est basé sur l'obligation déclarative des contribuables. La déclaration fiscale matérialise l'adhésion du citoyen contribuable au processus de financement des dépenses publiques, fondé sur la légalité de l'impôt et l'égalité de tous devant les charges publiques. La contrepartie de ce système déclaratif est le droit de contrôle de l'administration fiscale.

CHAPITRE

# 12 LA RECHERCHE DES OMISSIONS

**458-** Le législateur a doté l'administration d'outils de lutte contre la fraude fiscale. Il convient de distinguer les moyens d'investigation et de recherches et les formes de contrôle.

## SECTION I – Les moyens d'investigation et de recherches

**459-** Ils sont de quatre types.

### 1 – La demande de renseignement

**460-** Le plus souvent, elle prend la forme d'une demande d'informations en application de l'article L. 10 alinéa 3 du LPF adressé au contribuable, lequel n'est pas obligé de répondre.

**461-** Dans les cas prévus à l'article L. 16 du LPF, il s'agit d'une demande d'éclaircissements et de justifications.

La demande d'éclaircissements peut être adressée au contribuable dans le cas où ses déclarations présentent des contradictions ou des discordances avec d'autres pièces de son dossier.

La demande de justifications porte, notamment, sur la situation familiale, sur certaines charges, sur des revenus n'apparaissant pas dans la déclaration produite.

Le contribuable est tenu de répondre avec précision dans un délai de 2 mois, encourant s'il répond de manière insuffisante une mise en demeure de répondre dans le mois et, ensuite, un redressement selon la procédure de taxation d'office si sa réponse n'est toujours pas satisfaisante.

### 2 – Le droit de communication

**462-** Le droit de communication prévu aux articles L. 81 et suivants du LPF est le droit rcconnu à l'administration de recueillir auprès de tiers des informations concernant la situation des contribuables afin de s'assurer de la sincérité de leurs déclarations.

**463-** Le droit de communication doit être strictement limité à la recherche de renseignements. Ainsi, lorsqu'il s'exerce auprès d'une entreprise, il ne peut s'étendre à une analyse critique de la comptabilité par rapport aux déclarations. Sinon, le service se livrerait à une vérification de comptabilité sans avoir respecté le formalisme propre à cette forme de contrôle.

**464-** Le droit de communication ne peut s'exercer qu'auprès d'un certain nombre de personnes publiques ou privées dont la liste se trouve précisée dans le livre des procédures fiscales (banques, entreprises privées...). Il ne peut être exercé auprès d'un simple particulier.

### 3 – Le droit de visite et de saisie

**465-** Le droit de visite et de saisie constitue une procédure exceptionnelle de recherche de renseignements prévue à l'article L. 16 B du LPF. Elle ne peut être mise en œuvre que lorsqu'il existe des présomptions qu'un contribuable se soustrait à l'établissement ou au paiement des impôts directs ou de la TVA en se livrant notamment à des achats ou des ventes sans facture. Il ressort du texte et des débats parlementaires que ce dispositif doit être réservé à la recherche de la grande fraude. Cela n'est pas toujours le cas en pratique.

**466-** En raison du caractère exorbitant de ce droit, la procédure fait l'objet d'un encadrement strict. Sa mise en œuvre est subordonnée à l'autorisation préalable, sous forme d'ordonnance, du juge des libertés et de la détention du tribunal de grande instance dans le ressort duquel sont situés les lieux à visiter. Le juge doit préalablement examiner le bien fondé de la demande de l'administration. Il doit préciser dans son ordonnance les éléments laissant présumer l'existence d'agissements frauduleux dont la preuve est recherchée, et désigner l'officier de police judiciaire chargé d'assister à l'opération.

D'autre part, les agents susceptibles d'exercer le droit de visite doivent avoir au moins le grade d'inspecteur et être habilités par le Directeur général des impôts. La visite ne peut commencer avant 6 heures le matin, ni après 21 heures.

### 4 – Le droit d'enquête

**467.** Le droit d'enquête permet à l'administration fiscale de rechercher les manquements aux règles de facturation auxquelles sont soumis les assujettis à la TVA. C'est une procédure qui se distingue des procédures de contrôle de l'impôt prévues aux articles L. 10 à L. 47 A du LPF et qui permet à l'administration d'intervenir de manière inopinée chez un assujetti. Les droits d'enquête et de communication ne sont pas exclusifs l'un de l'autre et peuvent être exercés de façon complémentaire de sorte que l'administration peut, dans le cadre d'une procédure d'enquête, demander communication d'un document visé par l'article L. 88 du LPF.

Les conséquences fiscales de ce droit d'enquête ne peuvent être opposées à l'assujetti que dans le cadre des procédures de contrôle mentionnées à l'article L. 47 du LPF. La procédure d'enquête est simplement close par un procès-verbal dans lequel sont consignés les manquements constatés aux règles de la facturation ou l'absence de manquements.

## SECTION II – Les formes de contrôle

**468-** Il existe trois formes de contrôle.

### 1 – Les contrôles formel et sur pièces

**469-** Le contrôle formel recouvre l'ensemble des interventions ayant trait à la rectification des erreurs matérielles évidentes constatées dans les déclarations. Il n'implique donc aucune recherche extérieure à celui-ci.

**470-** A côté de ce contrôle formel, il existe le contrôle sur pièces. Celui-ci est constitué par l'ensemble des travaux de bureau au cours desquels le service procède à l'examen critique global des déclarations à l'aide de renseignements et documents figurant dans le dossier.

**■ Exemples d'anomalies détectées**

– Dette TVA figurant au passif du bilan excédant le montant de la TVA normalement exigible ;

– Non-réintégration de l'annuité d'amortissement excessif pour un véhicule de tourisme.

**471-** Le contribuable n'est pas informé de l'engagement de tels contrôles. Il le sera par la suite de deux façons, soit le service adresse une proposition de rehaussement, qui sera envisagée ultérieurement, soit le service rédige une proposition de contrôle externe. Il ne sera jamais informé si le contrôle ne donne lieu à aucune rectification.

## 2 – Le contrôle fiscal externe : la vérification de comptabilité

### A – La définition

472- L'article L. 13 du LPF envisage la vérification de comptabilité des entreprises. Elle consiste en un contrôle de la sincérité des déclarations souscrites par le contribuable, en les comparant avec les écritures comptables en vue d'assurer l'établissement des impôts éludés[1].

473- Ce droit de vérification s'oppose au droit de communication, en ce sens que ce dernier permet simplement de prendre connaissance de documents détenus par les contribuables sans critique particulière du service.

### B – Le déroulement de la vérification de comptabilité

474- Lorsqu'elle engage une vérification, l'administration doit respecter les garanties prévues en faveur des contribuables.

475- Le début du contrôle doit être précédé par l'envoi d'un avis de vérification par lequel le service informe l'entreprise qu'une procédure de vérification est engagée à son encontre. Cet avis accompagné d'une charte des droits et obligations du contribuable vérifié opposable à l'administration en application de l'article L. 10 du LPF, doit préciser, à peine de nullité de la procédure, les années soumises à vérification, les impôts contrôlés et mentionner que le contribuable a la faculté de se faire assister par un conseil de son choix. Il convient d'indiquer qu'un délai d'au moins quarante-huit heures doit exister entre la date de réception du pli et la date de la première visite dans les locaux de l'entreprise.

L'administration fiscale mentionne le plus souvent trois années en matière d'impôt sur les bénéfices, bénéfice industriel et commercial ou impôt sur les sociétés, et jusqu'à la dernière déclaration susceptible d'être vérifiée pour la TVA.

Si l'entreprise a imputé sur le résultat fiscal du premier exercice non prescrit des déficits antérieurs, l'administration est en droit de les vérifier sans pour autant le mentionner sur l'avis de vérification. Bien évidemment, l'entreprise doit pouvoir être à même de justifier l'imputation de ce déficit puisque celui-ci s'analyse en une charge qui doit être appuyée comme toutes les charges, d'éléments suffisants.

1. CE Plén., 13 mars 1967, req. n° 62.338, Ass. Football club de Strasbourg : *Dr. fisc.* 1967, 43, concl. Lavondès.

En toute hypothèse, l'administration ne peut vérifier un exercice que si le délai de dépôt de la déclaration a expiré. C'est pourquoi elle ne peut pas vérifier l'exercice correspondant à la dernière année civile avant le début du mois de mai de l'année suivante si l'entreprise clôture son bilan le 31 décembre.

**■ Exemple**

La société en nom collectif Martin qui n'a pas opté pour être imposée à l'impôt sur les sociétés clôture son exercice le 30 juin de chaque année. Elle est soumise au régime réel normal d'imposition.

Elle a comme associés deux personnes physiques au sein de laquelle ils exercent leur activité professionnelle.

À compter de quelle date, l'administration pourra vérifier le bénéfice réalisé par la société en nom collectif au titre de l'exercice clos le 30 juin 2004 ?

Les deux associés sont des personnes physiques qui doivent déclarer l'intégralité de leurs revenus dans les délais légaux et notamment leur quote-part de bénéfices.

S'agissant de commerçants, ils doivent souscrire leur déclaration de revenus au plus tard le 30 avril 2005. La société en nom collectif doit déposer sa propre déclaration de résultat dans ce délai.

Cela signifie que l'exercice clos le 30 juin 2004 ne peut être vérifié avant le 30 avril 2005 et que l'avis de vérification ne peut être adressé avant cette date.

Il y aura ainsi un décalage entre la période vérifiée en matière d'impôt direct et celle adoptée en matière de TVA. Cet impôt peut, en effet, être vérifié jusqu'au 31 mars 2005.

**476-** La vérification de comptabilité se déroule en principe dans les locaux de l'entreprise.

Cependant, sur demande écrite du contribuable, l'examen des documents comptables peut avoir lieu dans le bureau du vérificateur.

Cette dérogation doit se concilier avec l'exigence d'un débat oral et contradictoire entre le contribuable et l'administration.

C'est pourquoi lorsque le contrôle n'a pas lieu dans les locaux de l'entreprise, le contribuable doit mandater son conseil ou toute autre personne pour le représenter. De cette façon, l'exigence d'un débat oral et contradictoire est satisfaite.

Le contrôle sur place ne peut pas excéder trois mois lorsque le service vérifie une entreprise qui réalise un chiffre d'affaires inférieur à 763 000 € si elle a une activité d'achats-reventes ou de ventes à consommer sur place et à 230 000 € dans les autres cas. L'article L. 52 A du LPF écarte expressément la règle du délai de trois mois pour les sociétés qui ont un chiffre d'affaires inférieur à ces deux limites mais qui ont inscrit à l'actif de leur bilan des titres de placement ou de participation pour un montant supérieur à 7 600 000 €.

**477-** L'administration ne peut pas remettre en cause toutes les opérations réalisées par les contribuables. Il convient de distinguer les **erreurs comptables** et les **décisions de gestion**.

L'erreur s'oppose à la décision de gestion prise par un chef d'entreprise en matière de bénéfice industriel et commercial ou d'impôt sur les sociétés et de TVA.

Il y a lieu de qualifier d'erreur toute irrégularité, inexactitude ou omission qui résulte d'une appréciation purement objective de faits matériels (erreur de fait) ou de l'interprétation erronée de textes fiscaux (erreur de droit) par un contribuable de bonne foi et qui ne traduit pas une volonté de ce dernier d'influer sur la gestion de l'entreprise. En revanche, il ne peut être question de donner cette qualification à ce qui constitue une fraude destinée à éluder le paiement de l'impôt.

Une opération comptable doit être regardée comme une décision de gestion lorsque, en présence de plusieurs solutions, le contribuable a opté pour l'une d'elles.

**■ Exemples**

– le choix, par une société, de n'allouer aucune rémunération à son gérant ;

– la faculté de constituer ou non une provision pour faire face à une charge probable ou à une créance douteuse ;

– la décision, pour l'exploitant individuel, d'inscrire ou non une dette au passif du bilan.

Selon la jurisprudence, l'administration ne peut pas remettre en cause les décisions de gestion prises régulièrement par les entreprises. Elle ne peut que réparer les manquements résultant soit d'erreurs, soit de décisions de gestion irrégulières.

Quant aux contribuables, ils ne peuvent se prévaloir que des erreurs qu'ils ont commises de bonne foi à leur détriment. Ils ne sont pas admis à remettre en cause les décisions de gestion qu'ils ont prises et qui leur sont opposables alors même qu'elles seraient irrégulières.

### C – La fin du contrôle

**478-** L'administration ayant commencé la procédure de contrôle fiscal externe par un avis, elle doit obligatoirement la clôturer par l'envoi d'une notification, ceci n'étant qu'une manifestation du principe de parallélisme des formes. Il s'agira d'une proposition de rectification ou notification de redressement, selon la procédure utilisée, si des rehaussements sont envisagés, ou d'un avis d'absence de redressement. En revanche, en cas de contrôle formel ou sur pièces, en l'absence de redressement, le service n'informe pas le contribuable.

CHAPITRE 13

# LA FISCALISATION DES OMISSIONS

479- La fiscalisation des omissions n'est possible que dans un certain délai et selon des procédures précises.

## SECTION I - Le droit de reprise

480- Le droit de reprise est subordonné au fait qu'il intervienne avant une certaine date, et soit exercé de manière régulière.

### 1 – La prescription

#### A – La prescription de droit commun

481- Selon l'article L. 186 du LPF, dans tous les cas où il n'est pas prévu un délai de prescription plus court, le droit de reprise de l'administration s'exerce pendant dix ans à partir du fait générateur de l'impôt.

482- En réalité, cette prescription ne trouve à s'appliquer qu'en matière de droits d'enregistrement, de taxe de publicité foncière, d'impôt de solidarité sur la fortune, de droits de timbre ainsi que de taxes et de redevances assimilées lorsque les conditions requises pour l'intervention de la prescription abrégée ne sont pas remplies.

#### B – La prescription abrégée

483- En matière d'impôt sur le revenu et sur les sociétés, le droit de reprise de l'administration s'exerce en principe jusqu'à la fin de la troisième année qui suit celle au cours de laquelle l'imposition est due selon l'article L. 169 du LPF.

C'est ainsi que le service peut, jusqu'au 31 décembre 2005, réparer des omissions ou des insuffisances constatées au cours de l'année 2002 ou des exercices comptables clos en 2002.

Des exceptions à cette prescription triennale sont prévues. Par exemple, le droit de reprise de l'administration s'exerce jusqu'à la fin de la sixième année qui suit celle au cours de laquelle l'imposition est due lorsque le contribuable n'a pas déposé dans le délai légal les déclarations qu'il est tenu de souscrire et n'a pas fait connaître son activité à un centre de formalité des entreprises.

**484-** En matière de taxes sur le chiffre d'affaires, selon l'article L. 176 du LPF, le droit de reprise s'exerce jusqu'à la fin de la troisième année suivant celle au cours de laquelle la taxe est devenue exigible conformément aux dispositions de l'article 269-2 du CGI.

**485-** En matière de droits d'enregistrement, de taxe de publicité foncière, d'impôt de solidarité sur la fortune, de droits de timbre ainsi que de taxes et de redevances assimilées, le droit de reprise s'exerce jusqu'à l'expiration de la troisième année suivant celle au cours de laquelle l'exigibilité des droits a suffisamment été révélée par l'enregistrement de l'acte ou sans qu'il soit nécessaire de recourir à des recherches ultérieures. Pour qu'elle puisse être invoquée par le contribuable, le service doit avoir été mis à même de constater immédiatement, au seul vu du document enregistré ou publié, l'existence du fait juridique imposable. Ce délai est prévu à l'article L. 180 du LPF.

### 2 – Les limites sur le fond

**486-** L'administration ne peut poursuivre les impositions que si celles-ci sont juridiquement fondées en application du principe de légalité et en suivant des procédures régulières.

Si la procédure d'imposition comporte un vice substantiel, le juge de l'impôt prononce la décharge totale du rappel. Il y a vice substantiel lorsque l'administration a porté atteinte aux droits de la défense ou n'a pas respecté les règles prévues par les textes. Si le vice ne revêt pas un caractère substantiel, le juge peut seulement prononcer la décharge des majorations et des amendes à l'exclusion du principal et des intérêts de retard, en application de l'article L. 80 CA du LPF.

## SECTION II – Les procédures de redressement et les sanctions fiscales

**487-** Deux procédures existent selon le respect ou l'irrespect de l'obligation déclarative du contribuable.

## 1 – La procédure de rectification contradictoire

**488-** Si le contribuable a respecté ses obligations déclaratives, le service doit lui adresser une proposition de rehaussement prévue à l'article L. 55 du LPF.

**489-** La proposition de rectification qui précise les impôts rappelés et les années d'imposition doit être motivée en fait et en droit.

**490-** Elle doit comporter également les conséquences financières du contrôle en application de l'article L. 48 du LPF.

Ces conséquences financières comprennent les droits en principal et l'intérêt de retard de 0,75 % par mois de retard prévue à l'article 1727 du CGI, ramené à 0,40 % à compter du 1er janvier 2006.

**■ Exemple**

Le 15 juin 2005, l'administration fiscale rectifie la déclaration de TVA de décembre 2004 déposée le 15 janvier 2005, le contribuable ayant déduit deux fois la TVA d'une facture d'immobilisation d'un montant de 5 000 €.

L'intérêt de retard est calculé de la façon suivante :

- Point de départ : 1er février 2005
- Point d'arrivée : 30 juin 2005
- Nombre de mois : 5 mois
- Taux de l'intérêt : 4.50 %
- Montant de l'intérêt : 225 €

Le contribuable devra acquitter les droits au principal, soit 5 000 € de TVA et, l'intérêt de retard, soit 225 €.

Le contribuable peut solliciter la remise gracieuse de cet intérêt de retard dans le cadre des dispositions de l'article L. 247 du LPF.

Ces conséquences financières comprennent, s'il y a lieu, des majorations. Si le manquement délibéré ou les manœuvres frauduleuses du contribuable sont établies, il supporte une majoration de 40 % ou 80 % mentionnée à l'article 1728 du CGI. L'imprimé doit être visé par un inspecteur principal ou un inspecteur départemental.

L'absence de bonne foi devenue manquement délibéré depuis l'ordonnace de décembre 2005 suppose, bien évidemment, une insuffisance déclarative mais, également, l'intention d'éluder l'impôt. Le juge l'apprécie de manière subjective. Il tient compte de la personne qui la commet : un professionnel de la fiscalité ou de la comptabilité sera plus facilement reconnu coupable d'un manquement délibéré qu'un simple salarié.

Les manœuvres frauduleuses impliquent, comme le manquement délibéré, une action consciente et personnelle du contribuable, mais s'en distinguent par l'exigence d'un montage destiné à égarer l'administration.

**491-** Le contribuable a trente jours pour répondre à cette proposition. Il peut accepter de manière expresse ou tacite. Il peut également refuser en invoquant un certain nombre d'arguments. Dans cette hypothèse, le service administratif est tenu de répondre au contribuable à chacun des arguments.

**492-** À la suite de la réception de la réponse de l'administration par le contribuable, celui-ci a la faculté de saisir le supérieur hiérarchique, l'interlocuteur, en cas de contrôle externe, ou le conciliateur, en cas de contrôle sur pièces, et, enfin, la commission départementale des impôts directs et des taxes sur le chiffre d'affaires ou la commission de conciliation compétente uniquement en matière de droits d'enregistrement si le litige persiste.

La commission départementale est compétente, selon les termes de l'article L. 59 A du LPF, lorsque le désaccord porte sur le montant du bénéfice ou du chiffre d'affaires déterminé selon un mode réel, sur les conditions d'application des régimes d'exonération ou d'allégements fiscaux en faveur des entreprises nouvelles, sur l'application du 1° du 1 de l'article 39 et du d de l'article 111 ou du 5 de l'article 39 du CGI. La réforme introduite par le législateur en 2004 permet dorénavant à la commission de se prononcer sur le caractère anormal d'un acte de gestion, sur le principe et le montant des amortissements et des provisions ainsi que sur le caractère de charges déductibles des travaux immobiliers.

## 2 – La procédure d'imposition d'office

**493-** Si le contribuable n'a pas respecté ses obligations déclaratives à la suite d'une ou de deux relances par le service, ce dernier utilise la procédure d'imposition d'office prévue à l'article L. 76 du LPF, lequel dispose :

« *Les bases ou les éléments servant au calcul des impositions d'office sont simplement portés à la connaissance du contribuable, trente jours au moins avant la mise en recouvrement des impositions, au moyen d'une notification qui précise les modalités de leur détermination.* »

Les mises en demeure ne sont pas obligatoires en matière de TVA pour que le service utilise la procédure de taxation d'office.

**494-** Il n'y a pas de débat et le contribuable est privé des garanties auxquelles il aurait droit s'il avait respecté ses obligations déclaratives comme la saisine de la commission départementale des impôts directs et des taxes sur le chiffre d'affaires.

La loi de finances pour 2004 a étendu l'obligation de communiquer les conséquences financières à la procédure d'imposition d'office.

**495-** Le contribuable supportera toujours l'intérêt de retard de 0,75 % par mois de retard, ramené à 0,40 % à compter du 1er janvier 2006, auquel s'ajoute une majoration de 10 %, ou de 40 % selon l'absence ou l'existence d'une mise en demeure de déposer la déclaration prévue à l'article 1729 du CGI.

## SECTION III – La technique de déduction en cascade

**496-** Le système dit « de la déduction en cascade » prévu à l'article L. 77 du LPF permet au contribuable d'obtenir, sous certaines conditions, que les suppléments de droits simples résultant d'une vérification soient admis en déduction des rehaussements apportés aux bases d'autres impôts également vérifiés. Cette imputation s'effectue dans l'ordre où les droits rappelés auraient dû normalement influencer ces bases si les déclarations fiscales avaient été correctement souscrites.

L'application de ce système présente en général des avantages pour les contribuables. Celui-ci aboutit en effet à un allégement immédiat de la charge que constituent les rappels d'impôts pour la trésorerie des entreprises.

Il y a la cascade simple et la cascade complète.

### 1 – La cascade simple

**497-** La cascade simple permet d'imputer un supplément de TVA sur le résultat soumis à l'impôt sur le revenu ou à l'impôt sur les sociétés. Cette imputation ne s'applique qu'à la TVA elle-même, à l'exclusion des intérêts de retard et des majorations.

Elle peut aboutir à faire ressortir une base d'imposition inférieure à celle déclarée et même à créer ou à augmenter un déficit fiscal reportable.

Cette cascade s'applique automatiquement, sauf si le contribuable y renonce dans les trente jours pour répondre à la proposition de rectification.

**498-** La cascade simple s'applique en toute hypothèse contrairement au profit TVA. Il faut savoir que toute insuffisance de versement de TVA motivant un rappel du service administratif est, sauf exception, génératrice d'un profit pour l'entreprise. Ce profit est égal au montant du rappel de TVA[1].

En effet, la TVA collectée ou déductible **étant fiscalement neutre**, c'est-à-dire qu'elle ne modifie ni dans un sens, ni dans l'autre le résultat imposable de

1. Avis CE, 19 octobre 1990, req. n° 11.924 : *RJF* 11/1990, n° 1369, concl. O. Fouquet.

l'entreprise, sa détention ne peut être que temporaire. Or, la conservation irrégulière de cette taxe par le redevable constitue pour lui un avantage de trésorerie qui, au titre d'une période donnée peut être regardé comme constituant, à l'instar de ses recettes, un **acquis définitif**, imposable dans les mêmes conditions.

Dès lors, la question qui se pose est la suivante : ce profit, induit par la conservation irrégulière de la TVA a-t-il été comptabilisé ? Compte tenu de l'application des règles fiscales et comptables, ce profit peut, dans certains cas, avoir fait l'objet d'une intégration dans le résultat dégagé dans l'entreprise.

Il convient donc d'analyser la situation dans le but de déterminer si l'entreprise a majoré son résultat d'un montant égal au rappel de TVA effectué par ailleurs. Cela suppose de comparer le résultat théorique, c'est-à-dire celui qui aurait dû être normalement déterminé en appliquant les règles comptables et fiscales de manière correcte, et le résultat déclaré ou redressé hors profit.

■ **Exemples de rectification générant un profit implicitement comptabilisé**

– Recettes comptabilisées mais non déclarées ou insuffisamment déclarées à la TVA

– Rappel de la TVA déduite à tort sur des immobilisations comptabilisées à l'actif

■ **Exemples de rectification générant un profit non implicitement comptabilisé**

– Exonération de TVA appliquée à tort sur des affaires taxables

– Rappel de TVA sur des charges non déductibles au regard de l'impôt sur les sociétés et n'ouvrant pas droit à déduction au regard de la TVA

Si le profit n'a pas été constaté par l'entreprise, l'administration fiscale effectue un redressement de la base du bénéfice imposable à l'impôt sur les sociétés ou à l'impôt sur le revenu dans la catégorie des bénéfices industriels et commerciaux égal au montant de la TVA rappelée par ailleurs, afin de réparer l'erreur commise.

## 2 – La cascade complète

**499-** La cascade complète s'applique lorsqu'une société passible de l'impôt sur les sociétés fait l'objet de rehaussements de bénéfices qui sont considérés comme fiscalement distribués.

L'objet de la cascade complète est d'imposer les bénéficiaires des distributions irrégulières dans les mêmes conditions que s'il s'agissait de distributions régulières.

**500-** Cette imputation est soumise à la condition que les associés reversent dans la caisse sociale les sommes nécessaires au paiement de l'impôt sur les sociétés et de la TVA rappelés.

Le reversement doit être matériellement effectué et constaté en comptabilité par une écriture qui doit être obligatoirement transmise au service administratif.

**■ Exemples**

L'associé de la société Martin doit reverser dans la caisse sociale les impôts rappelés d'un montant de 10 000 €.

Si l'associé remet un chèque à la société, Celle ci doit mouvementer les comptes 512 banques et 155 provisions pour impôt à payer (déduction en cascade) :

| | | |
|---|---|---|
| 512 banques | 10 000 | |
| 155 provisions pour impôt à payer | | 10 000 |

Si l'associé diminue son avance en compte courant, la société mouvemente les comptes 455 « comptes-courants d'associé » et 471 comptes d'attente :

| | | |
|---|---|---|
| 455 comptes-courants d'associé | 10 000 | |
| 471 comptes d'attente | | 10 000 |

À défaut, le bénéfice de la cascade complète n'est pas accordé au contribuable ayant négligé d'effectuer le reversement en cause.

# INDEX ALPHABÉTIQUE

# INDEX DES RÉFÉRENCES AU CODE GÉNÉRAL DES IMPÔTS

# INDEX DES RÉFÉRENCES AU LIVRE DES PROCÉDURES FISCALES

# TABLE DES ABRÉVIATIONS

| | |
|---|---|
| aff. | affaire |
| AGA | Association de gestion agréée |
| Ass. Plén. | Assemblée plénière |
| *BOI* | *Bulletin officiel des impôts* |
| Cass. | Cour de cassation |
| CEDH | Cour européenne des droits de l'homme |
| CE | Conseil d'État |
| CGA | Centre de gestion agréée |
| CGI | Code général des impôts |
| CJCE | Cour de justice des Communautés européennes |
| com. | chambre commerciale |
| comm. | commentaire |
| concl. | conclusions |
| *Dr. fisc.* | *Droit fiscal* |
| LPF | Livre des procédures fiscales |
| req. | requête |
| *RJF* | *Revue de jurisprudence fiscale* |
| TVA | taxe sur la valeur ajoutée |

# TABLE DES MATIÈRES

Imprimerie BARNÉOUD – BONCHAMP-LÈS-LAVAL – mars 2006 – N° d'imprimeur : 603083